男の子の国語力の伸ばし方

お母さんだからできる!

花まる学習会代表
高濱 正伸

東洋経済新報社

はじめに

一般に、理系科目は男の子が強く、文系科目は女の子が強いと言われます。本当でしょうか。私はこれには懐疑的です。男の子が理系に強いというのはあるけれど、文系に弱いってホントかなということです。

端的な証明は、理系の頂上の一つである医師に、古今東西優れた作家が多いこと。大学生のときに読んだ寺田寅彦の随筆に、文系理系なんてない、できる人は両方できるのだという意味の文章があったのですが、理系に強い人は、やれば必ず文系科目もできると思っています。

では、なぜこのような「男の子は理系・女の子は文系」という印象を、多くの人が持っているのでしょうか。

私は、花まる学習会という学習塾を立ち上げ、幼稚園児から小学3年生くらいまでの「つのつく年齢（3つ、5つ、9つのように）」の子どもたちの新しい教育方法を提唱、実践してきました。

パズルや野外体験、作文、親の学校など、新地平を切り拓いてきたという実感がありますし、おかげさまでテレビ・新聞など、多くのメディアで取り上げていただけるようになりました。

創立20年が経ち、途中で4年生以降の子たち向けのノートの取り方や復習の仕方を中心にした学習法を伝える、高学年部門も始まり、それも18年経ちました。その現場で、4~15歳までの実にさまざまな子どもたちと接する中で、上記の疑問にも、明確な答えが出ました。なぜ、男の子は理系、女の子は文系という印象が定着しているのか。


それは、第1に、発達段階に明らかな性差があることです。

たとえば、幼児期の子どもを観察していると、男の子は電車や足の速い動物など、「動くもの」が好きな子が、女の子は「お手紙ごっこ」が好きな子が多いです。共通部分はたくさんありますが、男子独特、女子独特というふるまいも、よくしています。

この文章を書き出す直前にも、雪国スクールという3泊4日の野外体験教室に行ってきたのですが、襖一枚隔てた男子（小1〜小3）チームは、4日間ただひたすら「オケツ・スッポンポン・チンコ・ウンコ」を連呼しては、ギャハギャハと笑い転げていました。

一方で、一人の1年生の女の子が、途中で人に隠すようにメモ用紙に手紙を書いて渡してくれたのですが、内容は「4日間そだててくれてありがとう」というものでした。

男子女子ともに、お互いのやってることは、「何がおもしろいの」というものでしょう。これがまさに性差です。

典型的かつ確かな性差が、このふるまいの中にあります。社会的に規定され押し付けられた性差ではなく、内からこみあげる情動で、彼らがそのような行動をしていることは明らかです。

このような性差ゆえに、(個々の例外的事例は、もちろんありますが)一般的には、女の子が言葉の発達が早く、人間関係の機微などをよく観察しているので、国語が得意な傾向にあるし、動くものや爆発や型破りを楽しむ男の子は、将来の数理的思考力の土台となる経験は蓄積していますが、国語が相対的に苦手に見えてしまうのです。

つまり、幼児期には、明らかに群として男の子は女の子よりも、国語が苦手と認識せざるをえないケースが非常に多いということです。

さて、そのことを踏まえた第2のポイントは、幼児期のそのような傾向がゆえに「俺は国語は苦手」「国語は嫌い」というようなコンプレックスで、自分の心を縛り上げてしまって、脱出できないことです。

そうして、そのことに周りの大人、特にお母さんが悪い意味で影響を与えてしまっていることです。

この本では、本当は成長段階を理解しじっくり待てば、思春期以降にグーンと伸びてくる男の子の国語力を、どう健やかに育てればいいか、その見取り図を書きました。

特にお母さんにくれぐれも言いたいのは、男の子は二重に別の生き物なんですよということです。女性かつ成人と、男子かつ幼児、この違いです。

何でこんなこと（物語の中の主人公の気持ちなど）もわからないの、ということがよくあると思いますが、男の子にとって、それは成長段階でごく平均的なことなのです。

見守っていれば10歳以降、後伸びを必ずしてくるのです。

しかし、お母さんの苛立ちや失望の表情、自信をなくすＮＧワードなどによって、無用の自信喪失に陥れられた子は、なかなか抜け出られません。「俺、国語は駄目なんだよ」と、心から信じてしまっている中学生になってしまうのです。そして、それは非常にしばしば見かけるケースでもあるのです。

この本を読むことで、お母さんが安心して、男の子の国語力を育てていけることに、少しでも役立てば幸いです。

２０１３年４月

花まる学習会代表　高濱正伸

お母さんだからできる！
男の子の国語力の伸ばし方 ＊ もくじ

第1章 男の子が国語嫌いになるのはなぜ？

第2章

男の子の国語力は家庭で伸びる

第3章

実践 男の子を国語好きにする方法

第4章 男の子パワーで国語力を伸ばす

第5章

国語力が後伸びするノート法

付録　花まる学習会の男の子が好きな本

装丁　永井 貴（ブックスプラス）
カバーイラスト　マツカワチカコ（ブックスプラス）
DTP　podo
編集協力　井手晃子・池田美恵子（トプコ）

第1章

男の子が国語嫌いになるのはなぜ？

男の子は物語に興味がわかない

「うちの子、国語の読解問題でわけのわからない答えばかり書くのですが、どうしたらいいでしょう」

男の子を持つお母さんから、こんな質問をよく聞きます。

国語の読解問題は、主人公の気持ちを問う問題が多いので、苦手な男の子が多いのでしょう。

男の子は、女の子に比べて他者性が育つのが遅いので、物語に興味がわかず、感情移入できないのです。だから、主人公の気持ちがわからないのです。

中学入試の過去問で、女の子が校舎の陰からサッカー部の男の子をこっそり見ているという文章がありました。淡い初恋ですね。

ところが、ある男の子に、「このときの彼女の気持ちは？」と聞いたら「うざい」

と答えたのです。

「ちゃんと相手の気持ちになって書きなさい」と言ったら、「女子は嫌い」と。

あくまでも自分の気持ちなのです。

お母さんにとっては、「こんなの恋に決まっているじゃない。何でわからないの」という気持ちでしょう。

お姉ちゃんがいたら、さらに痛烈に「あんた、この気持ちわかんないんだったら、絶対モテないよ」とまで言われそうです。

中学3年生ぐらいになると、さすがにこのような男の子でも他者性が備わるようになりますが、そこまでは「自分が中心」なのです。

男の子は他人の目を気にしない

作文でも、女の子は「この作文を書くことで自分がどう見られるか」ということを意識します。

「いろいろな人に優しくしたいと思います」といった、誰も批判できないような作文を書くのも女の子です。

ところが、**男の子は、自分が「どう見られるか」なんて気にしないのです。**

「今日はサッカーでシュートを打ちました。うれしかったです」と、毎週のように同じことを書いてきます。

お母さんが「いつもサッカーのことばかり。ほかにも書くことがあるでしょう」と、怒りたくなる気持ちもわかります。

でも、心配いりません。男の子はそれが普通なんです。

男の子は、興味のあるものなら、アリの行列でも飽きることなく見続けています。初めて会った人を、穴の開くようにじっと見つめるのも男の子です。

相手をじっと見ると失礼だと感じない。恥ずかしいとも思いません。「別にいいじゃん」「死なないし」と。

男の子の国語力はゆっくり伸びる

男の子とは違って、女の子は国語が得意な子が多いです。

私は、男の子と女の子の読解力の差は、小さいころの遊びの違いにあると考えています。

花まる学習会を開いて20年以上になりますが、明らかに、男の子と女の子の遊びが違います。

男の子はごっこと言っても怪獣やゾンビになるのに対して、女の子は実在する身近な人や物語の登場人物など、誰かになるごっこ遊びが好きです。

これが国語力には大切なのです。

女の子は、ごっこ遊びを通じて体験を積み重ねることで、主人公の気持ちをイメージする力を身につけているのです。

一方、男の子は、外遊びが好きです。かくれんぼや木登り、秘密基地作りなど、外遊びは、好奇心を育てる機会が多いのです。

外遊びには、算数力に必要な図形認識力や空間認識力を伸ばす要素がたくさんあるので、算数が得意になる男の子が多いのでしょう。

ところが、走ったり蹴ったり飛んだりという男の子が好きな外遊びには物語は存在しません。

だから、男の子は物語に入り込めないし、そもそも興味がわかないのです。

もちろん、男の子に、女の子と同じ物語ごっこ遊びを無理矢理させる必要はありません。

私は、男の子も、女の子も、小さいころは外遊びで算数脳を鍛えるほうが大事だと考えています。

心配しなくても、国語力は伸びます。**家族や友だちとのつきあいを通じて、男の子の国語力は、ゆっくり伸びるのです。**

いまは国語が苦手でも、お母さんの力で伸ばすことができるのです。そのためには、男の子の特徴を知ることが大切です。

男の子は、ひたすら前へ

小学校の低学年ぐらいまでの男の子は、まだまだいわゆる幼児です。

「男の子ってわからない！」というお母さんの声をよく聞きますが、異性であるうえに、幼児なのですから、大人の女性にはダブルでわからなくて当然です。

女の子の場合は、ませていて、早々に幼児期から抜け出す子もいますが、男の子は成長がゆっくりしています。特に一人っ子にその傾向が強いです。

たとえば、「落ち着かない」「やかましい」「片付けができない」「返事をしない」といった、お母さんにとっては頭の痛い行動を、次から次へと繰り返します。

男の子は、ひたすら前へ、前へ、前へ、なのです。

動くものをパッと見ちゃう。「あっ、虫だ！」「あっ、〇〇くんがいる！」と、次の興味、次の対象へと、どんどん関心が移っていきます。

「振り返り」が基本的にできないのも、幼児期の男の子の特徴です。

「問題を解いたら、もう一度見直す」とか、「遊び終わったら片付ける」といったことが、とても苦手です。

興味を持ったことにずんずんと向かって生きているから、いちいち振り返っていられないのです。

いろんなことに興味を持つことは、勉強の後伸びにも、メシが食える大人になるためにも、とても大事なことです。

男の子はそういう動物なのだと思って、せっかく芽生えた興味をつぶさないでください。

男の子の集中力はものすごい

振り返りが苦手のほかに、男の子によく見られる特徴に「過集中」があります。過集中とは読んで字のごとく、集中しすぎることです。

「うちの子は何回言っても返事もしない」「無視している」と言っているお母さんをよく見かけます。

そんな子どもの中には、この過集中の子が相当数いると、私は思っています。

過集中の子どもは、本やテレビに集中しているときには、横でお母さんが何か言ってもまったく聞こえていません。別に無視しているわけではないのです。

たとえば、最初は優しく「お風呂に入りなさい」って言っていたお母さんも、3回、4回となると、だんだんイライラしてきて、「何で返事をしないの！」「お風呂に入りなさいって、言ってるでしょ！」「何回言わせるの！」と大声を張り上げることになります。

過集中の男の子は、そこで初めて自分が呼ばれていたことに気づくのです。「おお～、なんだなんだ」と。

気づいたら、いつもお母さんが怒っていると感じている子は多いと思います。

お互いにまったく思う必要のないネガティブな感情を持ってしまっている。まさにすれ違いです。

集中力のある子は後伸びする

では、お母さんはどういうふうに接すればいいのでしょうか。

過集中の子どもは、集中しているときは周りの音が聞こえていません。

ですから、子どもに話しかけるときには、子どもの肩をトントンと触れて、注意をこちらに向けさせてから、「お風呂に入りなさい」と言えばいいのです。

あるいは、顔をのぞき込んで、目と目を合わせて話すようにします。
ゆったりとした気持ちで子どもに接するといいでしょう。これでお母さんは、楽になります。

子どもが過集中だからといって心配する必要はありません。このような子どもは、すごく集中力があるということ。そういう子こそ後伸びします。

むしろ、声をかけても振り向かなかったら、「よしよし」と思ってください。

男の子は感情的にしからない

「くてくてしている」
「ゴロゴロ転がってばかりいる」
これもお母さんからよく聞く声です。
姿勢を正しくするとか、背筋を伸ばして座るというのは、勉強の第一歩である以前に日常のしつけとしても大事なことです。

私の教え子を思い出しても、**授業中にピンと背が伸びて、聞く姿勢がいい子は、おおむね後伸びしています。**

ただ、低学年の男の子は、「じっとしているのが苦手」です。そのことを知って、姿勢については、落ち着いて何度も言い聞かせましょう。

お母さんが子どもの勉強を見るとき、「何でできないの！」「ちゃんと座って、さっさとやりなさい！」は、逆効果です。ゆっくりと何度も言い聞かせるというのが、男の子への対応の基本です。

たいていのお母さんは、いまの自分、大人の感覚で、子どもを頭ごなしにしかってしまいます。

これまでの経験で言うと、しかられても、女の子はしぶといし、強いです。ところが男の子の多くは、少しのことでも傷つきます。特に大好きなお母さんから言われた一言となるとなおさらです。

お母さんからすれば、「そんなことで、いつまでいじけてるの？」と言いたくなるぐらいに落ち込みます。

お母さんにはその気持ちはたぶん、一生わからないかもしれません。男はそういう生き物なのです。

親の言うことをきかなくなるのは成長の証し

教育や心理学の分野では、小学3～5年生の世代のことを「ギャング・エイジ」と呼びます。仲間意識が発達し、自立に向けて親から離れていく時期です。

家族より友だちとの関係が優先で、女の子にモテるとかモテないとか、いろんなことがわかってきたりします。

親の言うことをきかないので、お母さんにとってもイライラすることが多い時期かもしれません。

小学2年生のころなら、なんだかんだ言っても最後には言うことをきいていた子が、3年生になると、急に変わってしまいます。

そこで以前と同じように対応し、無理強いをすると、国語以前に、勉強嫌いにさせてしまうということが起こりがちです。

そういう時期があることを、お母さんは知っておいてください。

そうすれば、ある日突然聞き分けが悪くなっても、「ああ、この時期が来たんだな」と、落ち着いていられるでしょう。

ギャング・エイジは、きちんとした社会人になるための重要な成長過程です。

知っていて対応するのと、知らずに同じ反応が返ってこないことにカッカッするのとでは、大違いです。

これまでのやり方できかなくなってきたら、それが成長の階段を一段上ったときだと思ってください。

お姉ちゃんがいるときに注意すること

お母さんが、やってはいけないとわかっているのに、やってしまうこと。それは、子どもをきょうだいや友だち、ほかの子どもたちと比較することです。

このことは子育ての本などにもよく出ていますから、たいていのお母さんは、比較がよくないことを頭ではわかっています。

それでもやっぱりやってしまうのです。

「○○ちゃんは、もうこんな難しい漢字が書けるのに、あんたときたら……」

そう言われて、子どもはどう感じるでしょうか？　ただただ、嫌な気持ちになるだけです。

特にお姉ちゃんがいる家庭では、お母さんが女の子の子育てとの違いにとまどいがち。**女の子は言葉も豊富で国語ができる子が多いので、「お姉ちゃんは、すぐで**

きたのに……あんたはなんでできないの?」と、ことあるごとに言ってしまったりします。

そんなことを言われた弟は、「どうせ、僕はできませんよ」と開き直ってしまうかもしれません。

誰かと比較して評価したり、とがめたりすることが必要な場合でも、誰かと比較して「指導」するのは、くれぐれもやめること。肝に銘じてください。

苦手と嫌いで人生を台無しにする

女の子は「私、算数が嫌い」と断言してしまって、その後の選択肢を自ら減らしてしまう例がよくあります。

私は「苦手と嫌いで人生を台無しにする」と表現しています。

男の子には、「オレ、国語ダメだから」という子が多いようです。

確かにかつて、「国語は小学5年生になったら伸びない」と言われていたこともありました。

いまは違います。まったくそんなことはありません。**小学5年生からでもまだまだ伸ばすことができます。**

ただし、一度苦手意識を持った子どもはなかなか変えることができません。

男の子の多くは、言葉に興味もないし、本にも興味がない。

さらに、お母さんからはガミガミしかられて「あなたは本を読まない、国語ができない」と言われ続けています。

いろいろなコンプレックスでしばり上げられているのです。

この心の状態では、伸びるものも伸びません。塾や学校で、ここからどうにか伸ばそうとしてもなかなか難しいのです。

心の魔法で国語好きになる

国語の場合は、算数のように「やってみると楽しいよね」といった成功体験に持っていくことができないので、さらに難しくなります。

一度そこにはまってしまうと、男の子は厳しいです。

ただ、**自信とコンプレックスは裏返しのようなものです。何かちょっとしたきっかけで「オレ、国語がすごく得意」となることもあります。**

たとえば、「○○くんの作文、すごくよかったよ」などと、みんなの前でほめられただけで、嫌いだった国語が好きになったりします。

心の魔法のようなものなのですが、やはり自信を持つ側になれるように、子どもの人生を歩ませたいですね。

苦しい段階を乗り越えて成功すると、成功体験の効果も大きいのですが、苦手なままで終わってしまう子も多いのは事実です。

お母さん自ら、子どもに苦手意識を植えつけてしまわないよう、日ごろから注意してください。

子どもには自分で考えさせよう

授業が終わって、子どもが塾の教室を出るときの光景です。

先生に何も言わずに出て行こうとする子どもに、「さようなら、でしょ」と言うお母さんがいます。

「あれっ？　何て言うんだっけ？」と言っているお母さんもいます。

この違い、よく見かける光景ですし、一見同じように思えるかもしれませんが、実はこの差が大きいのです。

というのは、「さようなら、でしょ」と言うお母さんは、子どもに答えを教えてしまっているからです。

一方、**「何て言うんだっけ?」と問うお母さんは、子どもに自分で考えさせようとしています。**

こうした場面は、家庭でよくあります。食事の前に「いただきます、でしょ」、お客さんが来たら「いらっしゃい、でしょ」、と。

女の子に比べて、何かと言葉が足りない男の子の場合、余計にやってしまいがちです。

小さなことに思えるかもしれませんが、こういうことが積み重なると、子どもの考える力に大きな差がつくことになります。

結論を言えば、お母さんは、子どもに答えを言ってはいけないのです。

問いかけたり、示唆したり、あるいはヒントを与えるだけにとどめておくことです。そして、子どもが答えるのを待ちましょう。

子どもを無口にする会話

国語力に限らず、自分で考える子どもに育てるためには、子どもが答えるまで待つことが大事です。

そのためには、待つ「余裕」を持ちましょう。

余裕がないお母さんは、何でも自分で答えてしまって、それを子どもに押しつけてしまいます。

子どもにしてみれば、考える前に答えが出てくるので、思考力はまったくつきません。

親子の会話でも同じです。子どもが話すのを待たないで、すぐ先回りして、自分の意見を言ってしまうお母さんがいます。

たとえば、「何を書いてるの？　ああ、作文ね。学校の宿題なの？　どう感じたかを書いたほうがいいんじゃない」というように、自分で質問して、子どもが答える前に自分で答えてしまいます。

これを繰り返していると、子どもはだんだん無口になっていきます。

特に、男の子は言葉が少ないので、一つひとつ考えながら話をします。脳をフル回転させているとても大切な時間です。

それをお母さんが待ってあげられず、自分一人で突っ走ってしまうのは、子どもに「いいの、いいの。考えなくて」と言っているようなもので、とてももったいないことです。

大人が想像できない
子どもの言葉を楽しもう

子どもは子どもであるがゆえに、言うことがおもしろい。

大人が想像してなかった言葉が飛び出してくることもあります。それを楽しむというのは、お母さんにとって、最高の喜びの一つではないでしょうか。

子どもの言葉を引き出すのは、特に低学年の場合、お母さんの力でできる非常に効果のあるワザです。

ただし、ここでも注意してほしいのは、お母さんが子どもの言葉を先取りしないことです。

たとえば、「夏休みの想い出」についての作文で、サッカーのことを書こうとしている子どもに、「サッカーの話もいいけど、家族で海に行ったでしょ！」「花火もしたじゃない」などと言ったりしてませんか？

実際、子どもの書きたいこととは関係なく、子どもの作文を作ってしまうお母さんが多いのです。

花まる学習会には、作文コンテストがあります。

昔は、その下書きを家でやらせていました。ところが、明らかに子どもが書いたとは思えないような作文ばかりになりました。

それで、この仕組みはやめて、教室で書いてもらうように改めました。意味がないからです。

お母さんがどんなに上手な作文を書いても、子どもの自信にも力にもなりません。

逆に、作文に対して嫌な思いしか残らず、自信を失わせることになります。

「自信」は、子どもをやる気にさせる大切な要素です。

子どもの中から言葉が出てくるには、大人の何倍も時間がかかる、ということをしっかりと理解し、言葉の先取りをせず、じっと待ってください。

後伸びする子の2つの特徴

後伸びする子どもには、大きく2つの特徴があります。

一つは「自分をだまさないこと」です。

もう一つは「わからない自分をそのままにしないこと」です。

国語であろうと、算数であろうと、すべての教科で言えることです。

こういう子は、勉強で、やったふりや適当に終わらせることをしません。

お母さんにしてみれば、答えが合っているのか、いないのかにすぐ目が行きがちでしょうが、それでは、子どもは答えさえ合っていればいいという考え方をするようになってしまいます。

勉強は、答えではなく、答えに至るまでの考える過程が大事なのです。

考え方自体を自分で納得して身につけていかなければ、すぐに次の段階の難しい問題に対応できなくなります。

自分で目の前の一問を考えつくして、「わかった！」という快感を知っている子は、自分をだましたりしませんし、わからないままにしたりはしません。

もし、「いいじゃん、答えは合っているし」と言ったり、「何となくわかった」などと、ごまかしたりしたら赤信号です。

それはもう「お母さんにしかられないための勉強」になっているからです。

男の子はお母さんが大好き！

「子どもの勉強のことをあれこれ言ったり、手を出したりしてません。なのに、うちの子は勉強が嫌いなんです。なぜでしょう？」というお母さんがいます。

そう思ったら、もう一度わが身を振り返ってみてください。もしかすると、お母さんのまなざしが、子どもを勉強嫌いにしているのかもしれないからです。

言葉に出していなくても、たとえば、「何回言ったらわかるのかしら、この子」とか、「あ～あ、ホントにダメなんだから」と、イライラとした表情やあきれ顔をしていませんか？

子どもはそんなお母さんの気持ちを敏感に感じ取っています。それが勉強への意欲をそぎ、勉強嫌いの子どもをつくってしまうのです。

男の子は、お母さんが大好きです。お母さんだけが頼りなのです。

男の子には、優しいまなざしと笑顔で接することを心がけてください。

速く書くことも大事

きれいに書かせる、ていねいに書かせることに強くこだわるお母さんがいます。「きちんと系」のお母さんです。

それは、いい面もあるのですが、勉強の落とし穴でもあります。

たとえば、ノートはきちんと書かれているし、楷書できれいな字なのだけれど、書くスピードが遅いという子がいます。

解答時間が限られている学校のテストや中学入試では、速く書けないことがそのままハンディになります。私は実際に、「書くスピードさえ速ければ」という子を何人も見てきました。

きちんと書くべきときに、きちんと書けることはもちろんすばらしいことです。

しかし、**試験などのように、速く書くべきときには、字が多少汚くても短時間で書けるよう訓練をしておかなければなりません。**

特に、ノートをきれいに書くことばかりに神経を使ってしまい、成績の伸び悩みにつながるのは、長子長男でよく見かけます。

一般的に、女の子に比べると、男の子のほうが字が汚いです。

成績が優秀な子、特に数学が得意な子には字が汚い子が多い。それは頭の回転スピードに手が追いついていかないからです。

要点だけを書く子が大きく伸びる

書くのが遅いだけでなく、さらに問題な子どももいます。大事なことだけを書くということができないで、全部書き写そうとする子です。

先生の板書を一文字ももらさないで、ていねいに写している子もいます。これは、

「きちんと書かなくちゃ」の挙句の果てだと、私は思っています。

大切なのは、先生の言いたいことや要点をつかんで、そこだけを素早く書けることです。「きちんと系」の子どもは、要点だけを速く書く子に大きく差をつけられてしまいます。

低学年のころにお母さんが「この子、字が汚いんです」と言うときは、「いつでも」きれいに書いてほしいという思いがあるからでしょう。

しかし、それは間違いです。

年賀状や硬筆の時間などの、ちゃんと書くべきときにきれいに書くことができれば十分なのです。「読めればいい、必要なときにきちんと書ければいい」と、割り切ってください。

もちろん、わざと汚い字を書くべきという意味ではありません。型にはまってさえない子よりは、必要なときにきれいな字を書ける、頭の回転が速い子に育てたいものです。

会話のキャッチボールが国語力を伸ばす

国語力を伸ばすには、書く力以外にも、聞く力、話す力を伸ばすことが必要です。これは、親子の会話で鍛えることができます。

ところが、この「会話」がちぐはぐになっている家庭があります。

親子で会話をするときに、ぜひお母さんに試してほしいことがあります。それは子どもに質問をさせることです。

たとえば、お母さんが子どもに、「今日の給食はおいしかった？」「休み時間に何をして遊んだの？」と尋ねると、子どもはいろいろと答えるでしょう。

そういうとき、それだけで終わってしまわないで、逆に、子どもに質問をさせるようにします。

つまり、「お母さんに質問をしてみて」と子どもに促すのです。

そうすると、子どもは、「お母さん、今日は何してたの？」といったように尋ねるようになります。会話の量が倍になるわけです。

日常の会話でも、一方が尋ねてばかりでは会話が広がりません。

「お元気ですか？」と尋ねられたら、「おかげさまで。あなたは？」と返すのが会話のキャッチボールです。

会話のキャッチボールとは、尋ねられたことにきちんと答えるということです。

「ていうか」を禁句にする！

「今日のテストどうだったの？」

「ていうか、おなかすいた。なんかないの？」

こんなふうに、お母さんが尋ねたとき、子どもが「ていうか」と答えるのは、まったく会話のキャッチボールになっていません。

「そんな会話をする子いるの？」と思うかもしれませんが、実はこのような子どもが増えているのです。

さらに、お母さんのほうも「ていうか」と言われて、「あ、先に、洗濯物入れなきゃ」などと答えてしまう。

親子の会話が崩壊してしまっています。

ここで大事なのは、子どもが「ていうか、おなかすいた」と言ったときのお母さんの毅然とした態度です。

「ていうかじゃないでしょ、お母さんがテストどうだったの、と聞いたんだから、きちんと答えなさい」と、突きつけなければなりません。

子どものころに、親子で質問を返すという習慣を作っておけば、会話が続くだけでなく、子どもの聞く力、話す力がぐんと伸びます。

第2章

男の子の国語力は家庭で伸びる

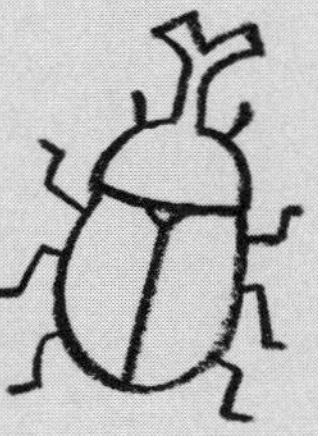

国語力はメシが食える大人になるための基礎

最近、「うちの子には、理系に進んでもらいたい」「男の子なんだから、理系でしょ！」といった風潮があります。では、算数や理科ができればいいのかというと、そうではありません。

理系でも、文系でも、国語力は大切です。

たとえば、国語力がないばかりに、算数や理科の問題文を正しく読み取れない。問題文の中の単語の意味がわからない。

こういった子どもを、花まる学習会の現場で、たくさん見てきました。これが国語に力を入れ始めた原点です。

国語力は、すべての学力の基礎、もっと言えば、生きるうえで基礎となるものです。 国語力不足のまま大人になったらどうでしょう。

会話をするだけで、相手の知性は見えてきます。「言葉を知らないな」「本、読んでないな」「話がずれてるな」と、なってしまうのです。

書き言葉でも同様です。報告書などを一目見ただけで、「えっ！」となるものを上げてくる。書く力が身についていないのです。たちまち、「こいつ、だめだな」と、マイナスイメージがついてしまいます。

書いた量、読んだ量が、その人となりを作り上げていくのです。

国語力を伸ばすことは、国語のテストでいい点数をとるためだけでなく、将来、ひとりでメシが食えて頼りになる大人に育てるために大切なことなのです。

「言葉の力」のカギは家庭にこそある

国語力はすべての学力の基礎になりますが、花まる学習会を始めて20年の経験から感じるのは、この国語力を伸ばすカギは家庭環境にあるということです。

国語力は、言葉の力と置き換えてもいいでしょう。

私は、**この言葉の力は家庭で育むことができると考えています。**

かつて、私は教えている子どもたちに、「お父さん、お母さんは本を読む人ですか？」と聞いてみたことがあります。

子どもたちは、「とてもよく読む」「ときどき読む」「まったく読まない」と、それぞれ答えてくれたのですが、「とてもよく読む」と答えた子どもたちは、みんな国語の成績がよかったのです。

答えと国語力が正比例していると言ってもいいでしょう。

また、もう一つ、「お父さん、お母さんは辞書を引く人ですか？」という質問もしてみました。

すると、子どもたちは、それぞれ「よく引く」「ときどき引く」「まったく引かない」と答えてくれましたが、やはり、その答えと子どもの国語力が正比例していたのです。

その後もたくさんの子どもたちを見てきましたが、ますますその確信を深めています。

子どもにいくら「本を読みなさい」とか「辞書を引きなさい」とうるさく言ったところで、お父さん、お母さんが「本を読まない」「辞書を引かない」では、その習慣は身につきません。

つまり、**言葉の力がつくか、つかないかは、学校よりも家庭の影響のほうが大きいのです。**

あいさつは基本中の基本

言葉のやり取り、コミュニケーションという側面から言えば、あいさつができていない家庭では、国語力は伸びません。

日々の家庭生活のあり方は、国語力以前に「学力のもと」です。

中でも、あいさつはコミュニケーションの第一歩、基本中の基本です。

まずあいさつを交わして、そこからコミュニケーションが始まります。だから、あいさつができないと会話が始まらず、社会生活ができません。

朝起きたときの「おはよう」から始まって、「いただきます」「ごちそうさま」「いってきます」「ただいま」「ありがとう」「ごめんなさい」、そして「おやすみなさい」といった日常のあいさつを習慣化させるのは、親の義務、責任、最低限のしつけです。

「いってきます」と言ったら「いってらっしゃい」と返す。こうした日常の言葉のやり取りを面倒がらずにするということが大切なのです。

机に向かう姿勢を疎かにしない

あいさつと同様に注意したい日常のしつけに、机に向かう姿勢があります。

実は、**私の経験から、勉強するときに背筋を伸ばした姿勢で椅子や床に座っていられない子どもは、学力が伸びないと言えます。**

男の子というのは、常に動いていたいという衝動にかられているので、基本的に落ち着きがない子が多く、じっと同じ姿勢で座っているのは苦手です。それをきちんとしつけるのは、さぞや苦労するでしょう。

最初に言い聞かせても、子どもですから、時間が経つとすぐ猫背になったり、立て膝をついたりします。

そこでお母さんは感情的にならず、落ち着いて、何度も何度も正しい座り方を言い続けてあげてください。

これは、学校ではなかなかできません。家庭で、根気よく続けることが大事なのです。

「学ぶ姿勢」を決して疎かにしないことです。

経験がなければ想像できない

国語の読解力、文章を読み取る力のあるなしは、それをイメージとして思い浮かべられるかどうかにかかっています。

ただし、「思い浮かべてみろ」「想像するんだ」と言われても、その元となるものがなければ、どだい無理な話です。

その元とは、ずばり経験、体験です。そこからもたらされる基礎的な知識です。

一番にお勧めしたいのは、外遊びです。

たとえ、いつもと同じ近所の公園であっても、季節や時間によってさまざまに変化する自然は、子どもの五感を刺激します。

太陽の光を浴び、風の音を聞き、土の感触や草のにおいを感じながら、子どもは数え切れないほどの経験をするでしょう。

人と人が一緒に過ごすことで、ただ楽しいだけでなく、できなかったことができるようになって喜んだり、しかられて悲しい気持ちになったり、張り合ったり……、いろいろな気持ちを味わうこともできます。

子どものけんかは財産になる

「けんかなんかしないほうがいい」と思っているお母さんは多いのですが、けんかも大事です。トラブルは財産です。

けんかしたときの嫌な気分や仲直りしたときのちょっと照れくさい気持ちも、知らなければ、物語を読んだりしたときに理解できません。きょうだいや友だちと、そういう経験をいっぱいさせてほしいです。

子どもは、経験を通して、目に見えない情景や人の心を想像できるようになるのです。

最近では、一緒に外遊びをする仲間が少なくなりました。物騒で、子どもたちだけで外に出すのがためらわれる地域もあるでしょう。だからこそ、積極的に親が子どもを外遊びや散歩に連れ出してやりましょう。

また、子どもがいる前で、夫婦で仕事や近所のこと、経済的な話なども隠さずするのもいいでしょう。

大人の話でも、聞いている子どもは子どもなりに理解し、経験として蓄えていきます。

人の事情を察するというのも、国語力の重要な要素です。

テストによく出る「心の機微」も家庭で育つ

子どもたちを見ていて、思いやりに満ちた親に育てられた子は、思いやりがあるな、と常々感じます。

実は、この「思いやり」は国語の試験と関連が深いのです。

中学入試問題を分析すれば、どれほど思いやりの心を学校が求めているかということに気がつきます。

そこには、学校側の、単に成績のいい子ではなく、不登校やいじめなどの問題を起こさない子に入学してほしいという願いがあります。**国語の試験を通して、他人への思いやりのある子かどうかを見極めているのです。**

「思いやり」は「共感」とも言えます。

うれしいことがあったら家族みんなで喜ぶ、悲しいことや、たとえば誰かが病気やケガをしたら家族みんなでいたわる、そういった中で、子どもの心に思いやりの心が育っていきます。

こういう人を思いやる心のない子には、国語の試験に出てくる心の機微を感じ取ることはできません。

また、「思いやりの心」と似ていますが、「感じる心」も同様に育てていけるといいでしょう。

たとえば、水平線から昇る朝日や西の山に沈む夕日を見ても、単に太陽が見え隠れしているとしか、とらえられない子がいます。そこから心情的な何かをまったく感じることができないのです。

こういう子は、そのままでは、社会に出てからもいろいろな場面で人と感じる心を共有することができずに苦しむことになるでしょう。

「雲がポツンと浮かんでる。なんだか寂しそうだね」といった表現を聞かせることで、子どもの感じる心は育っていくのです。

親の感情表現が子どもの感じる心を育む

幼い子どもは、そこにあるものをただそういうものだと思って見ています。感じ方がわからないというか、見たもの、感じたことをどう言葉で表現したらいいのかが、わからないのです。

子どもの感じる心を伸ばすには、お母さんが感じたことを言葉で表現し、毎日子どもに聞かせることです。

たとえば、四季折々に

「梅の花のつぼみが膨らんできたね」

「見てみて。夕焼けがきれいだよ」

「これ、キンモクセイの香りだ。秋だね」

「風が冷たい！　でも、なんだか気持ちいいね」

といった具合です。「いちいち」と思うかもしれませんが、あえて口にするということが大事です。

特に男の子は、「すっげー、速えー」とかには、すごく共感できる。たとえば、「チーターが速い」「新幹線が速い」とかには納得できるのですが、「モミジがきれい」「新緑がきれい」となると、本当にわからない。

だからお母さんが、「そろそろ若葉が芽吹いて、新緑がきれいな季節になるね」と言うと、「いまは見えないけどそうなるんだなあ。そういうのを大人はきれいだって思うんだなあ」と、きれいの基準ができ始めるのです。

さらに、

「あっ、雨。こういうのを『狐の嫁入り』って言うんだよ」

「空が高いね。まさに『天高く馬肥ゆる秋』だね」

「昨日まではあんなに暖かかったのに今日は寒いね。『三寒四温』という言葉があってね……」

などと言えば、表現の世界も広がります。

感じたことと言葉を結びつけることで、感じる心が伸びていき、言葉の力も伸びていくということになるのです。

勝手にわかってあげない！

言葉の環境で問題となるのは、夫婦の会話の乏しさ、言葉の貧しさです。いわゆる「ふろ・めし・ねる」では、とても言葉が豊かとは言えません。

学力が伸びる子の家庭の特徴として、豊かで楽しい会話に満ちあふれていることが挙げられます。

また、**親が子どもの適当な言い方を逃さず、修正する習慣が重要です。**

両親の言葉遣いがしっかりしている家庭の子は、間違った言葉の使い方を聞き流さず、指摘しています。

お母さんがよくやってしまうのが、勝手にわかってあげちゃうこと。

口の中でもごもご言い始めた男の子に対して、最後まで待っていられず、「○○でしょ」とすぐ言い換えちゃう。身に覚えのあるお母さんも多いでしょう。

「お母さん、水！」と言われたら、「はい、水」と、差し出していませんか？

「お母さん、おしっこ！」と言ったら、すぐにトイレに連れて行っていませんか？

たとえわかっていても、そのように察してはいけません。

「水がどうしたの？」「お母さんはおしっこじゃないよ」と、わからないふりをして、聞き返しましょう。

「水をください」「おしっこがしたいので、トイレに行きたい」と、正確な日本語を習慣づけることが大切です。

豊かな会話と言っても、お母さんばかりしゃべっていては意味がありません。

「うちはよく会話しています」というお母さんがいますが、よく聞くと、一方的にしゃべっているということは、よくあることです。

この場合、かえって子どもが無口になってしまうこともあります。

男の子は中学生ぐらいになると、家庭での言葉が少なくなります。そうなってからでは遅いのです。小学校低学年までに正しい言葉遣いを身につけさせましょう。

子どもの疑問には必ず答えよう

もう一つ、ぜひ習慣化してほしいのが、「どうして？」「何のこと？」という子どもの疑問にきちんと答えてやることです。

「忙しいから後でね」とか、「そんなこと知らなくていいの」と、突き放したりしていませんか？

本来、子どもというのは知りたがりです。何でも知りたい、わかりたいから、「ねえ、ねぇ」とうるさく聞いてくる。

ところが、なぜかそれをやめてしまっている子がいます。

「どうせ聞いても、お母さんは答えてくれない」と、あきらめてしまった子どもではないかと、私は思っています。

忙しいのはわかります。でも、せっかく芽生えた好奇心をそがないでください。

人の話をしっかり聞き、わからないことがあったらちゃんと尋ねる子と、人の話を適当に聞き、わからないことがあっても「まぁ、いいか」とそのまま流してしまう子の差は、お母さんが思っている以上に大きいのです。

相手の話をきちんと聞いて理解したい、疑問に思ったことをそのままにするのはもやもやして気持ち悪い、というのは、テストの問題を間違いなく読み取ろうという精神にもつながります。

親子がお互いに言いっぱなし、聞きっぱなしにしないで、相手の言うことがわからないと気がすまないという会話の習慣を身につけましょう。

子どもは親の言葉を聞いて語彙を増やす

子どもたちと話をしていて、ときどきこちらが予期していなかったような難しい言葉が飛び出し、驚くことがあります。

「先生、母がありがとうございましたと言っておりました」

「○○ちゃん、僕には高嶺の花ですかね」

どこでそんな言葉を覚えたのかと不思議に思うと同時に、何だかうれしくなりますね。

子どもは親の言葉を聞いて語彙を増やします。聞いたことのない言葉は使えません。特に女の子は、小さいころから言葉に敏感なので、どんどん増えていきます。

ところが、**男の子は語彙が不足しがちです。国語が苦手な男の子が多いのも、この語彙不足が原因です。正確な言葉、その場にふさわしい言葉を使えてないのです。**

たとえば、いま読んでいる小説の中に「暖簾《のれん》」という言葉が使われていたとしたら、その意味がわからないと、状況がイメージしにくくなります。

ですから、男の子には意識して話しかけるようにしましょう。

ただし、親が「超ウケる」「まじカワイイ」「ばっかみたい」といった表現ばかりしていると、子どもも同じレベルの言葉しか使えなくなってしまいます。

子どもとの会話に比喩表現を使う

人とのコミュニケーションにおいて、的確な言葉選びやうまい比喩が使えれば、相手に伝わりやすくなるし、書くときにも表現豊かになります。

きれいな夕焼けを見て、「燃えるような赤い夕日」と表現すれば、その様子がイキイキと伝わりそうです。ところが、**親が「燃えるような赤い夕日」と話すのを聞いたことがない子は、その言葉を使うことも、その言葉を読んで感じることもできないでしょう。**

花まる学習会のサマーキャンプでも、「みんな、夕焼けがすごくきれいだよ、見に来てごらん」と言うと、「わーっ、すごーい」と駆け寄ってくる子もいれば、「それの何がおもしろいの？」ときょとんとしている子もいます。

後者の子は、たぶん家庭でも、「夕日がきれいね」といった会話をしたことがないのでしょう。

子どもとの会話に「○○のような△△」といった比喩表現を積極的に使ってみましょう。「あれ○○みたいだね」「これ○○みたいだね」と言っていると、子どももその「○○みたいな」を使えるようになります。

また、先ほど紹介した熟語やことわざもどんどん使いましょう。

たとえば、ホームランを打ってニコニコしながら戻ってきたら「得意満面」、最後にお皿に残ったケーキが一番大きかったときに「残り物には福がある」といった具合です。

いろいろなシーンで意識して、取り入れてみてください。

わからない言葉は親がまず調べる

親は子どもの鑑でなければなりません。わからない言葉に出くわしたら、親が調べてみせることが重要です。

この章の初めにも触れましたが、親が辞書を引く家庭の子は、明らかに国語の成績がいいという傾向があります。

親に辞書を引く習慣があれば、子どもも必ず辞書を引くようになります。いまなら、電子辞書でもパソコンで調べるのもいいでしょう。

子どもは親のまねをします。親が調べている姿を普段から見せていれば、ああ、わからないことがあったら、調べればいいんだな、と思うものです。

よく「○○大学出身のお父さんだから、子どもも優秀ね」とか、「○○くんの両親は学校の先生だから、成績がいいのよね」と言うお母さんがいます。

遺伝子的という意味では、部分的に正しいのでしょうが、そういう家庭は、両親の言葉遣いや態度がしっかりしているから、子どもも伸びるのです。

親がテレビを見てワッハッハッと笑いながら、「調べなさい」「辞書を引きなさい」と言っても、「お母さんだって、やってないじゃん」と反発を買うだけです。

態度や姿勢で見せるほうが、ずっと効果的です。

本好きになる読み聞かせ

これまでの経験上、平均すると男の子は、女の子に比べて本を読まない傾向にあるように思います。

読書より、電車や自動車のおもちゃ、ゲームで遊んだり、外でサッカーをやっているほうが楽しいのです。

そこへもってきて、「○○ちゃんは本をたくさん読むよね」とか、「お姉ちゃんはもう20冊も本を読んで、えらいね」などと言われると、ますます読みたくなくなります。

私がこれまで見てきて、本を読むようになる成功パターンは３つです。

●読み聞かせの成功
●親が読書好き
●思春期での貴重な一冊の本との出合い

「読み聞かせ」と言っても形にこだわる必要はありません。小学校の低学年までの子どもには、お話を作って聞かせてもいいでしょう。

ごく短い話でいいので、そこに何かおもしろいエピソードとか、オチをつけて話を作るのがコツです。子どもはお話=物語に興味を持つようになります。

音読から入るのも一つの方法です。

一緒に音読してもいいし、子どもに音読させてもいいでしょう。2、3文ずつ交互に音読してもいいですね。

親子で音読することで、一つの物語を読み切ることができます。そこから読書の世界へ導くという方法もぜひ試してみてください。

男の子はあるとき突然本が好きになる

もし、読み聞かせに失敗したとしても、それほど心配しなくても大丈夫です。

「いま、本読んでるから、あっちに行ってて」

「ここまで読むまで待っててね」

というような感じで、**お母さんが本を読む、読書に夢中になっている姿を子どもに見せるのです。**親が辞書を引くのと同じです。

こういう家庭では、親が「本を読みなさい！」と言わなくても、本を読むようになることが多いのです。

また、男の代表として言えば、小さいころの男の子は、いわゆる絵本のような物語には、基本的に感情移入しないし、できません。「本当にあった話じゃないし、僕には関係ないもん」という感じと言えばいいでしょうか。

そんな私でも、思春期の悩める時期には、答えを示唆してくれるような一冊を見つけて、本が好きになりました。そこからは貪るようにさまざまな本を読みました。「その日」が来るまで待つことも一つのあり方です。

ただし、**本をたくさん読む子＝国語ができる子ではないこともあります。**

同じ「読む」でも、ただ漫然と読む「漫読」と、緻密に読む「精読」とは、まったく別のことだからです。

このことを一応頭に入れたうえで、子どもに読書を勧めてください。

説明する習慣が要約力を育てる

国語という教科は、子どもが経験の中で得るものがとても大きいことは、これまでも何度か説明してきました。

ここは一歩進めて、**経験したら、それを子どもに言葉で表現させることを心がけ**

てほしいと思います。家庭の力というのは、すなわち口頭の力です。

この習慣は、国語力、特に要約する力を育てます。

たとえば、お母さんが料理を作っていて、子どもがテレビでアニメを見ていたら、「今日のどんな話だったの？」と聞きます。子どもはこんな話だったよと、一生懸命説明してくれるでしょう。

もちろん、親は子どもの話をきちんと聞いてやらなければなりません。聞いてくれるから話すのですから。

ここでも一方通行ではいけません。「おもしろそうだったねえ。お母さんも見ればよかったあ」と。

また、子どもが本を読み終えたときにも、「どんなお話だった？」と、聞いてください。学校や塾の先生の話を聞いたときも同様です。「先生、どんなお話をしてくれたの？」と聞いてください。

経験や体験、本や映画、先生の話、なんでも短く要約できるというのは、問題文

（特に長文読解問題）を素早く正確に読み取れることにつながってくるのです。

食事の時間に国語力を伸ばす

国語力アップに最高の場があります。それは家族で囲む食卓です。

家庭での会話の中心になるのは、何と言っても食卓です。なので、食卓で過ごす時間をもっともっと大切にしてほしいと思います。

「うちはいつも家族一緒に食卓を囲んでますよ」

そういうお母さんもいるでしょう。でも、たとえば、食事中に黙ってテレビ画面を見つめたりしていませんか？

「家ではテレビがいつもついていて、うるさい」「家ではゆっくり話ができない」と訴える子どもがいます。

食事どきにテレビをつけたがるのは、子どもより親のほうかもしれません。

「ねえ、ねえ、お母さん」と、子どもが話しかけているのに、「いまいいところだから黙ってて！」というように。確かに、親のほうもコミュニケーション力が弱くなっています。親はまさにテレビ世代ですから。

そうだとすると、親が決心すれば、すぐにでも、テレビを消して会話タイムにすることができます。

会話だけでなく、子どもは食卓で起こったことで、さまざまな体験をします。「食べ物は残すな！」と厳しく言うお父さんにも、どうしても食べられないものがあって、きっちり残しているのを見て「なんだよ」と思ったり、いつもガミガミ怒っているのに、お母さんの分だけが小さく切り分けられているケーキを見て、母の愛を感じたり。

いまは外遊びが少なくなって、子どもたちの実体験の場が少なくなりました。その分、家庭での食事の役割の比重が大きくなっていると思います。ですから、できる限り親子で一緒に食べるようにしてほしいのです。

食卓は勉強する最高の環境

勉強する環境という点でも食卓は大切です。

食卓にいる子どもに、「早く部屋に行って勉強しなさい」とか、「ここじゃあ、集中できないでしょ。自分の部屋に行きなさい」と言ったりしていませんか？

以前、調べたことがあるのですが、**成績のいい子は、食卓で勉強していることが多いのです。**

子ども部屋を与えても、小学生くらいでは、自分の部屋では案外勉強していません。では、どこで勉強しているのかと言うと、食卓です。

人が出たり入ったりして集中できないような気がしますが、小学生の段階では、まだ身近にお母さんの存在を感じるだけでほっとするのではないでしょうか。

お母さんが子どもを直接見ていなくてもいいのです。

たとえば、台所で料理をしている、**そういうお母さんの存在を近くに感じられるところが、子どもにとっては一番やる気が出るのです。**

わからないことがあったら、すぐに聞けるということもあるでしょう。

そして、机は結局物置になっている。勉強のできる子はそんなものです。私も机では勉強しませんでした。

食卓は、いろんな面で、子どもにとってほっとする場所でありたいものです。そこでお母さんやお父さんとたくさん会話をする。そういう家庭では、子どもは自然と国語力を伸ばしていくのです。

言葉に敏感な親になる

ここまで話してきて、結論めいたことを言えば、国語力が後伸びするかどうかは、家庭、家族にかかっているということです。

新聞に出ている一つの言葉にも敏感なお母さんやお父さんが、子どもに正確な言葉遣いを促している家庭の子どもは、やはり国語力が高いです。

たとえば、よく講演会でお母さんたちに話すことがあります。

何か楽しいことをして、子どもが「うれしい」と言ったとき、「そういうときには、『うれしい』じゃなくて、『楽しい』と言うのよ」と言ってほしいのです。

「うれしい」と「楽しい」は似ていますが、やはり違います。その違いにお母さん自身が敏感になってほしいです。

一姫二太郎のきょうだいでは、弟の国語力が高い例が多いのも、そこに理由があります。お姉ちゃんは弟に対して「あんた、そんな言葉も知らないの？」と容赦ないですが、それが早期教育になるのです。

私も姉がいますが、いま思えば、相当な早期教育をやられていました。そのせいで、小学生のときも国語は得意でした。

子どもが話しかけたら目を見て話そう

人とのコミュニケーションで大切なのは、「相手の話を聞く」ことです。

たとえば、教室で先生が話を始めたら、私語や手遊びはせずに、先生の目をしっかりと見て話を聞くことです。

これが学習の土台作りとして重要なのです。

実はこれも、家庭での毎日の積み重ねなのです。まず親が見本を見せなければなりません。

口を酸っぱくして「先生の話をちゃんと聞きなさい」と言っているお母さんが、子どもが話しかけたときに目を見ないで上の空で返事をしているようでは、子どもが聞くようにはなりません。

お母さんも家事や育児で忙しいでしょうが、子どもが話しかけてきたら、顔をし

っかりと一度見るようにしましょう。そして、子どもの話にうなずきながら、相づちを打ったり、問いかけたりします。

そうすれば、子どももお母さんとの会話の中で、人の話を聞くために求められる態度が自然と身につくはずです。

親子の間で、いい加減に聞き流す関係が定着してしまうと、元に戻すのは苦労します。

話し方も同様で、お母さん自身が「私的には～」「○○みたいな」といったあいまい表現や、「ていうか」「やばくない？」といった言葉遣いを日常的にしていれば、子どもにも影響を与えてしまいます。

将来を見据えて、特に小学校低学年までは、親が悪いお手本にならないように気をつけたいものです。

第3章

実践 男の子を国語好きにする方法

10 楽しい言葉ゲームで国語好きにする

この章では、家庭で子どもの国語力をつけるための具体的な方法についてお話ししましょう。

まずは、言葉のゲーム。

そう言って最初に思い浮かべるのは、シンプルな言葉遊び「しりとり」ではないでしょうか。子どもはしりとりが大好きです。

国語の成績がいい子は、本当にしりとりが強い。言葉をたくさん知っています。わざと、「ぎ」や「ず」を終わりにして苦しめるようなワザを小学3年生ぐらいでできる子もいます。

「旅行と言えばしりとり」という家庭もありました。車や列車の中で、ひたすら家族でしりとりをしているのです。

しりとりは、実に奥が深い言葉ゲームです。レベルを上げるなら、3文字限定、5文字限定とか、生き物、食べ物、硬いもの、四角いものと、いろいろしばりを作るのです。家庭でいくらでも深められます。

しりとりすることで、子どもの語彙が格段に増えます。そして、「みんなが知らない言葉を知っている」は、自信につながります。

「俳句」を作るとか、「川柳」で言い返すみたいなことを親子や家族でやることもお勧めします。最初は五、七、五と、字数を合わせるだけでかまいません。

「おかあさん　ぼくはおなかが　すきました」

といった感じです。

続けていくうちにだんだん俳句や川柳らしくなります。

字数制限の中で言葉を選ぶということが、言葉の力を鍛えてくれます。コミュニケーションが下手だった子が、家で俳句を作るようになったら、イキイキとして勉強ができる子になった例もあります。

意味がわからなくても声を出すことが大事

「カルタ」や「百人一首」もいいです。

「カルタはともかく、百人一首は難しくて小学生には無理なのでは？」と、思われるかも知れません。

確かに、小学生では、まだ意味まではわからないでしょう。でも、子どもは意味がわからなくても耳で聞いて覚えてしまいます。

百人一首で遊んだ経験のある子は、中学生や高校生になって、「あっ、そういう意味だったのかあ」というときが、きっときます。そのときには、ほかの子よりも深くその歌を理解できるはずです。「やっててよかった」と思うでしょう。

花まる学習会では、毎週「たんぽぽ」という教材を使って、『方丈記』や『枕草子』『論語』などの素読を行っています。

古典素読用教材「たんぽぽ」

四月《しがつ》 ― 卯月《うづき》

くれなゐ《い》の二尺《にしゃく》伸《の》びたる薔薇《ばら》の芽《め》の
針《はり》やはら《わ》かに春雨《はるさめ》のふる
正岡子規《まさおかしき》

いちはつの花《はな》咲《さ》きいでゝ《て》我目《わがめ》には
今年《ことし》ばかりの春《はる》行《ゆ》かんとす

白鳥《しらとり》は哀《かな》しからずや空《そら》の青海《あおうみ》のあを《お》にも染《そ》まずただよふ《う》
若山牧水《わかやまぼくすい》

子どもは、意味はよくわからなくても声に出して読むことが好きです。百人一首と同じように、だいぶ後になってから意味がわかって、その言葉が身につくのです。

花まる学習会では、「敬語ゲーム」というのもよくやります。

これは、ゲーム中は、意識して敬語を使い続けるというゲームです。

「先生がいらっしゃった」はセーフ、「先生がきた」はアウト。

「先生がおっしゃった」はセーフ、「先生が申し上げた」は謙譲語を使っているのでアウト。といった具合です。

これを親子でやると、子どもの敬語に対する意識も変わります。家庭で、勉強らしくない勉強、楽しんでやる言葉ゲームをどんどんやってください。

囲碁・将棋が言葉の論理力を育てる

言葉の論理力を鍛えるという意味では、「囲碁」や「将棋」がお勧めです。

国語も基本は論理です。囲碁や将棋は、遊びでありながら、どんな勉強よりも論理的思考力を鍛えてくれます。

もちろん、囲碁や将棋が得意なお母さんもいると思いますが、理屈や論理は男性が好きで得意なフィールドなので、お父さんが担当してくれるといいですね。

特に、やり終えた後に、お互いに感想を言い合う「感想戦」というのがいいのです。お父さんと子どもの男同士の会話が少なくなりがちな小学校の高学年以降には、貴重な遊びとなります。

お父さんの存在、実力を認識させるいい機会です。

短い文章でも精読する習慣が大事

「長文が読み取れない」「問題文がわからない」という子に、「きちんと読みなさい」と言ったからといって、決して読めるようにはなりません。

本人に長文を読み取るスキルが身についていないと、無理な話なのです。

ところが、小学3年生ぐらいで5、6行の問題文が読み取れなかったりすると、ついお母さんは、「よく見なさい！　ここにちゃんと書いてあるでしょ！」などとガミガミ言ってしまう。

これで、子どもは国語嫌いになってしまうのです。

漢字はできる、ことわざや四字熟語もできるという子の場合でも、読み取るスキルは、一朝一夕に身につけることはできません。

段階を踏まえて、まずは、音読でちゃんと読めるようにしましょう。一字一句間違えなくなるまで読ませるのです。言葉につかえるときには、意味がわからないことが多いので、辞書を引いて、知らない言葉がないようにします。

ちゃんと読めて、ちゃんと聞き取れたら、次の段階に進みます。

今度は黙読させて、読み終えたところで、「はい、何が書いてあった？」と尋ねるのです。

短い文章でも間違えないように音読させる→黙読させて質問する。そういう順番で、ていねいに時間をかけてやらなければなりません。

この精読を習慣づけることで、算数の文章題を解く力も伸びます。

伝える力を伸ばす道順遊び

正しく伝える力、正しく人にものを説明する力をつけるトレーニングを2つ紹介します。

まずは、「道順遊び」です。

子どもに道順を説明させるのです。ただそれだけですが、やってみると結構難しいことがわかります。

駅から家までの道順、逆に家から駅への道順、学校や塾、友だちの家までの道順など、聞いてみましょう。

初めてそこへ向かう人にわかるように、論理的に、簡潔に、正確に言わないと、相手は目的地に着けません。

必要なことが抜けているのはもちろんダメですが、余計なことを付け加えてもわかりにくくするだけです。

道順遊びは、相手の立場に立ってものを言うことが要求される奥の深い遊びなのです。と言っても、あくまでも遊び感覚で、親子で楽しんでやってみてください。

説明する力を伸ばす定義と事例ゲーム

もう一つが、「定義と事例ゲーム」です。

道順もそうですが、人に何かを説明するというのは、大人でも難しいものです。

これはその能力を伸ばすゲームです。

まず、「○○は△△です」と定義を述べます。その後、「たとえば、○○ということです」と事例を述べさせます。池上彰さんの話はわかりやすくて本当にすばらしいですが、分析すると、見事にこの「定義と事例」の繰り返しで話されています。

定義と事例をセットで言えるかどうかがコツです。

具体的には、このようになります。

「得意満面」とは、得意そうな気持ちが顔に満ちあふれることです。

たとえば、長嶋茂雄元巨人軍監督が松井秀喜さんと国民栄誉賞をダブル受賞したときのことです。長年の巨人ファンであり、かつ、長嶋さんが立教大学の学生のときに神宮球場で打ったホームランを見て、「私は『この選手を一生応援しよう』と誓ったんです」と語る徳光和夫アナウンサーは、得意満面の表情でした。というように使います。

難しい定義でも、「たとえば、こういうこと」と事例を出すだけで、「なるほど」とストンと理解できることがあります。

これは、大人でも心がけるといいですね。

自分の言葉が人にうまく伝わったときというのは、うれしいものです。その経験が成功体験となって蓄積されていくのです。

漢字練習は最初のしつけが肝心

漢字は国語の土台、と言うより、すべての教科の土台です。ですから、こればかりは「やりたくない」では、通用しません。

文章の中に一つわからない漢字があったら、文章全体がぼやけてしまいます。放っておくと、学年が上がるにつれてわからない漢字がどんどん増えて、取り返しのつかないことになります。

漢字練習は最初のしつけが肝心です。

小学1年生になった最初の入り口で、「漢字練習は絶対にさぼってはいけないもので、しっかりやるしか道はない」と教え込むことが大事です。

漢字練習は、毎日5分でもいいので、コツコツと続けさせます。ドリルは学校で使っているものでも、本屋さんで買ったものでも何でもいいのです。

毎日寝る前に歯磨きをするように、漢字練習も必ずやるものだというように、小学1年生のときから習慣にしてしまいましょう。

国語が得意で、他者性が高い女の子でも、漢字が読み書きできなければ、その力が発揮できません。

漢字練習は何が何でもやらせる

「今日は疲れたから勉強しない」と言っても、「だったら、漢字練習だけはやりなさい」と言ってあげましょう。

優しく、ただし、毅然として指導することが大切です。

男の子は漢字練習を嫌がります。したがって、やらなくてもいいとなると、さぼるようになります。漢字だけは、泣こうがわめこうがやらせてください。

小学3、4年生になって、親に反発するようなころになると、「漢字練習をやりなさい」と言っても、「やりたくない」「うるさい、もう、絶対やらねえ！」と感情的になってしまいます。

「なんで漢字練習をやらないといけないんだよ～」と子どもが言ったら、「理由なんてどうでもいいの。とにかくやるのよ」と答えればいいのです。

漢字練習がきちんとできると、いろいろな効果があります。

特に「頑張ればできる」という体験ができます。

この体験は、まさに勉強とは何かということにほかなりません。地道に努力をすれば、必ず習得することができ、結果につながるということを、身をもって体験できるわけです。

雪だるまは、最初にギュギュと握って玉を作らないと転がして大きくすることはできません。漢字も同じです。「できた」ということによって、自信を持って本当にできるように回転していきます。

この体験が、ほかの勉強にもつながっていくのです。

一行日記で書く習慣をつける

国語力を伸ばすために、効果があるのが、日記を書くことです。

日記を書くことで、文章を書くことが習慣になり、書くことが苦ではなくなります。

花まる学習会では、国語力が心配という男の子の保護者に「一行日記」というものを勧めます。その名のとおり、1行だけ書けばいい日記です。1行以上書いてはいけません。

1行といっても、1年続けると相当な量になりますし、貴重な子どもの成長記録になります。

小学低学年のお母さんの場合、最初は「サッカーをしました」だけでも「うちの子が書けた！」と喜ぶのですが、すぐに欲が出てくるのですね。「もっと気の利いたことを書きなさい」と。あるいは、「もっと長い文章も書けるでしょ」と。

それは筋違いというものです。大切なのは書く習慣を身につけることです。

一行日記を続けられる子は、高学年になると長い日記も書けるようになります。

日記は自分のために書く

日記をつける女の子は多いと思いますが、私は、男の子にも、ぜひ日記をつけることを習慣にしてほしいと思っています。

最近はブログやツイッターなどもあり、自分で文章を書いて発信する場がたくさんあります。

ただし、日記がこれらと違うのは、日記は、自分のためだけに書くものであるということです。

人間は、誰もがドロドロした部分を持っています。たとえば、男の子も中学生くらいになると、異性にすごく興味を持ち始めるようになります。一日中、好きな子のことばかり考えてしまう日もあるでしょう。

あるいは、友だちに嫌な一言を言われて、絶望的な気持ちになる。「もういなくなりたい」と思うこともあるかもしれません。

そんな自分のありのままの姿を直視し、ありのままに書きつづるのが日記です。書くことによって、気持ちが落ち着き、悩みが小さくなるのです。

自分を直視できる人間は、自分の言葉を持っています。そういう人は社会に出てからも強いのです。

ただし、ありのままを書くためには、日記は家族に見つからないところに隠して書くべきです。

お母さんも絶対に、子どもの日記を盗み見てはいけません。

思春期になれば、親が子どものすべてを知っておくことは不可能ですし、その必要もありません。

お母さんが正確に、表現力豊かに！

優れた文章（作文）を書くために、家庭でどうしたらいいのかについて、お話ししましょう。

優れた文章のポイントは、正しく書かれているか、そして、魅力のある文章になっているかどうかです。

まずは正しく書くことについて。そのために大事なのは、家庭で親子が正しい言葉で会話をすることです。

先ほど述べたように、言葉に敏感になろうということもその一つです。

そのほかにも、たとえば、「女手一人で育てる→女手一つで育てる」「後で後悔する→後悔する」といった、言い間違いを見逃さないことが大事です。

「全然いいよ」のように否定の副詞を肯定するときに使わないこと、「見れない」「食べれない」などの「ら抜き言葉」や「キモい」などの短縮言葉を使うのも気をつけてください。


まずは、お母さんが正確な日本語を使うように心がけてください。子どもは親が使っているのを耳にすれば、まねをします。

いい作文には本当の気持ちが書いてある

男の子の作文に多いのが、「サッカーをしました。その後、みんなで豚汁を食べました」といった、やったことをただ列挙するような作文です。

そんな文章を見て、お母さんがよく子どもに言うのが「感じたことを書きなさい！」ということです。

お母さんに「感じたことを」と言われた子どもは、「楽しかったです」「おいしかったです」と書くわけですが、これでは読む人に何も伝わりません。

何がどう楽しかったのか、どんなふうにおいしかったのか、相手がイメージできるように書けるようにするには、まず、お母さん自身が日ごろから意識的にそういう話し方をするように心がけてほしいものです。

優れた作文を書かせようとして、親が介入し、残念な結果になってしまうこともよくあります。

明らかにいいところを見せようとして書いた作文は、その子の本当の感性で書かれた作文ではありません。

お母さんは嫌かもしれませんが、たとえば「妹ばかりかわいがられて嫌です」と書けたら、すごくいい作文なのです。短くてもその子の本当の気持ちが書かれているからです。

子どもの作文に手を出さないのが鉄則

親は、子どもの作文に「手を出さない」「口を出さない」ことが鉄則です。

花まる学習会では、小学3年生まではお母さんにもお願いして、まったく評価しないで、毎週書き続けるということをやっています。

特に低学年のうちは好き放題に書くほうがいいのです。お母さんがあれこれ言うと、作文そのものが嫌いになってしまいます。

また、本当に自分の中からわき出た思い、真実の言葉だけを見つめて書けばいいのに、「試合には負けましたが、みんなの友情が一つに固まりました」というような、ほめられるための文章を書こうとしてしまうのです。

本当は嫉妬があったり、負けたくやしさがあったりしているのに、そのことは書かない。自分の負の部分を直視できていないのです。しかられたくないあまり、いいことばかり書いてしまう。

「○○ちゃんの作文は立派ねぇ」とか、「○○くんの作文に比べて、あんたのは、幼稚ねぇ」などと、やる気をくじく言葉は決してかけないでください。

ただし、**書くと決めたら1行でもいいから毎日書かせる。一行日記でもいいのです。書き慣れる、習慣にすることが大事なのです。**

花まる学習会では、高学年になったらテクニックを教えます。ありきたりの表現や浅い考えのものに対しては、理由を言って突き返すこともあります。

その後、中学生くらいからは、書くことで自分の考えをより深めるという作文の醍醐味を味わってほしいと思っています。

作文には、この3つの発達段階があるということを覚えておいてください。

第4章

男の子パワーで国語力を伸ばす

国語力に必須の「イメージ力」と「精読力」

国語、特に物語文が「わかる」子どもはどこが優れているのか。

私は大きく2つの要素があると考えています。それは「イメージ力」と「精読力」です。

「イメージ力」は、文章を読んで、その情景や登場人物の気持ちを想像する力です。「精読力」は、文章の中の一字一句を見逃さず、文章が書かれた意図をきちんと読み取る集中力です。「精読力」は国語だけでなく、算数をはじめ、すべての教科に求められる力です。

国語では「作者の意見をまとめなさい」といった問題がよく出題されます。算数では問題作成者の狙いがわからなければ、正しい解を導くことはできません。

「イメージ力」や「精読力」を上げるためには何をすればいいか、お母さんたちによく尋ねられます。残念ながら特効薬はありません。

「問題をもっとしっかり読みなさい」と、子どもをしかっているお母さんも見かけますが、「しっかり読もう」と思えばできるわけではないのです。

同様に「情景を思い浮かべながら（イメージしながら）読みなさい」と注意したからといって、できない子が急に想像力が豊かにはなりません。

「イメージ力」も「精読力」も、学校や塾では「テクニック」のように教えることができません。というのは、いずれの力も、経験や体験に裏付けられて伸びるものだからです。

たとえば「イメージ力」について言えば、殴り合いのけんかをしたことがない子は、その手加減がわかりません。冬の水に触れた経験がない子にとっては、文章に手がしびれるような感覚が表現されていても、それが想像できません。

「精読力」についても同様で、経験に大きな影響を受けます。たとえば、アリの列を何十分も眺めているような男の子は「精読力」が優れています。

外遊びが「イメージ力」と「精読力」を伸ばす

カンのいいお母さんは、気づいているでしょう。

そうです。「イメージ力」や「精読力」を伸ばすためにも、外遊びの体験がとても効果的なのです。

子ども同士で、公園で遊ぶだけでも、自分のやりたい遊びを主張したり、相手の言い分を聞いたりと、さまざまな経験をします。

ときにはけんかをすることもあるでしょう。けんかになってもいいのです。仲直りの方法も含めて、それぞれが貴重な経験になります。

大自然の中では、さらに豊かな体験をすることができます。さわやかな風がほほをなでる感覚や、土のにおい、虫の音色や小鳥たちのさえずりなど、どれも都会では得ることができない経験です。

満天の星や、本当にミルクのように流れる天の川は、写真で見るのと肉眼で見るのとではまったくスケールが違います。その後のイメージ力に大きな違いが生まれるでしょう。

家庭でもぜひ、子どもを自然の中に連れて行く機会を増やしてください。

花まる学習会では、毎年夏に「サマースクール」を、冬には「雪国スクール」を開いています。いずれも自然の中での野外体験や遊び体験をするものです。

たとえば、サマーキャンプでは、川で釣りをしたり、滝に飛び込んだりといった体験もあります。男の子は冒険やスリルが大好きですから。

擦り傷を作ったり、虫に刺されたりすることもありますが、それも日常ではなかなかできない経験です。

夢中になってトンボを追い、どうやったらうまく捕まえられるか考えることも、「イメージ力」「精読力」を鍛えることになるのです。

私は、子どもが自然の中で思い切り遊べる場を提供することは、勉強だけでなく、

「考える力」や「生きる力」など、人間の根本となる力を育むと考えています。これが「サマースクール」や「雪国スクール」を続けている理由です。

家庭でもぜひ、自然の中に子どもと一緒に出かけてください。もちろん、家族旅行に出かけるだけでも多くの体験ができるでしょう。

試したいならやらせてみよう

「熱いヤカンに触ったことのない子は、その痛さがわからない」という言葉もあります。自分が経験したことのないことは、なかなかイメージできません。

よく講演会でお話しするのですが、中学入試で恋をテーマにした文章が使われたとき、女の子は主人公の気持ちがわかるのに、男の子にはそれがさっぱり理解できず、的外れな回答をした子が何人かいたそうです。初恋の経験がない男の子には、その思いがイメージできなかったのです。

試験に出るからというわけではないですが、こういったことからも、男の子にはぜひ、いろいろな体験をさせてほしいのです。

男の子はもともと、何でも試してみるのが好きです。高い塀に登って飛び降りたり、水たまりがあれば足をつっこんだりします。ケガをしたり、靴が汚れたりするかもしれないけれど、とりあえずやってみる。

それを「そんなばかなことはやめなさい」としかるのではなく、興味があることを自由にやらせてみましょう。

お父さんの日曜大工の道具でも、触らせればいいのです。壊したら壊したときです。それもいい経験になります。

算数ができる男の子は、初めて見た問題でも、解法が見つかるまで手を動かし続けます。できるかどうかわからないけれど、とりあえずトライをしてみるのです。

トライ、すなわち「試す」という行為は、言い換えれば、人の生き方そのものです。男の子はそのエネルギーが強いのです。

算数ができる男の子は「イメージ力」が身につく実体験も豊富です。ジャングルジムで遊んだり、かくれんぼをしたりすることで、頭の中に3次元の空間を描くことができるようになります。高い塀から飛び降りることは、たとえば、位置エネルギーを理解することにもつながります。

イメージする力は、国語力にも大切です。語彙が少ないために、いまは国語が苦手と思っている子も、必ず後伸びします。

お母さんの言葉が感じる心を伸ばす

やりかけた遊びを最後までやりきることも大切です。

私が子どものころは、母親が「もうご飯だから帰りなさい」と呼びに来るくらい、暗くなるまで遊んだものです。

木の上の秘密基地だって砂山だって、できるまでずっとやっていました。トンネルを掘っていても、貫通したらすぐに崩してしまうのです。それでも最後まで作りきる、やりきるという体験が大切なのです。

このやりきる力は、男の子のほうが強いと思います。

一方で、男の子は、「他人の気持ちを感じる心」が弱い傾向があります。中には、主人公の孤独を表現するような文章を読んでも、何も感じない子がいます。それは、「感じる訓練」をしていないからです。

子どもの「感じる心」を伸ばすには、周囲の大人、特にお母さんが、感じたことを日ごろから言葉で表現することが大切です。

そうすると、子どもはお母さんのまねをし、その感情表現をイメージできるようになります。

日ごろから「庭の花がきれいに咲いたわね」「だんだん暖かくなってきたね」「雲が浮かんでいるね。一人ぼっちで寂しくないのかな」といった表現を聞くことで、子どもの「感じる心」は育っていきます。

集中力を刺激して精読力をつける

花まる学習会には、オリジナル教材がいくつかあります。「なぞぺー」は「なぞぺーぱー」の略で算数脳パズル。「サボテン」は、計算教材です。国語にもオリジナル教材があります。「あさがお」は、童謡や詩なども含め、日本語の名文を書き写す教材。授業では鉛筆の持ち方や姿勢も指導します。国語の精読力を伸ばす教材もあります。「さくら」と呼ばれる教材です。

この教材は、一口で言えば、古典の物語などを読んで聞かせ、その内容をクイズにしたものです。

具体的には、たとえばある小説を読み聞かせ、「さて、2人が入ったレストランには、何という注文が書いてあったでしょうか」などと尋ねます。

講師が読んでいる間、ぼんやりとしていた子はまったく答えることができません。

書き写し教材「あさがお」

月　日

「ずいずいずっころばし」
ずいずい　ずっころばし
ごまみそ　ずい
ちゃつぼに　おわれて

逆に、一言も聞き漏らすまいと集中し、情景をイメージしていた子にとっては「そんなの簡単すぎる～」と、喜んで手を挙げます。

国語の問題文を読む力とは、言い換えれば作者や登場人物、さらには問題の作成者などの、人の話をちゃんと聞いているかということにほかなりません。

先ほど紹介した、初恋をしている主人公の気持ちを問われたときに「気持ち悪い」などと答える男の子がいます。主人公の気持ちではなく、自分の気持ちを書いてしまうわけです。

こういう子に「問題文の中に答えは書いてあるでしょ、よく読みなさい」と、お母さんが言っても、なかなかわかってくれません。「さくら」教材を使うと、このような子でも、聞く力や文章の精読力を身につけられるようになります。

教材がなくても、家庭でも同じようなトレーニングをすることができます。

まず、手近にある物語をお母さんが読み聞かせます。そのうえで、「主人公の男の子が2番目に会った女の子の名前は？」などと尋ねるのです。

精読力教材「さくら」

『二《に》ひきの蛙《かえる》』

新美《にいみ》　南吉《なんきち》

緑《みどり》の蛙《かえる》と黄色《きいろ》の蛙《かえる》が、はたけのまんなかでばったりゆきあいました。

「やあ、きみは黄色《きいろ》だね。きたない色《いろ》だ。」

と緑《みどり》の蛙《かえる》がいいました。

「きみは緑《みどり》だね。きみはじぶんを美《うつく》しいと思《おも》っているのかね。」

と黄色《きいろ》の蛙《かえる》がいいました。

こんなふうに話《はな》しあっていると、よいことは起《お》こりません。二《に》ひきの蛙《かえる》はとうとうけんかをはじめました。

緑《みどり》の蛙《かえる》は黄色《きいろ》の蛙《かえる》の上《うえ》にとびかかっていきました。この蛙《かえる》はとびかかるのが得意《とくい》男の子は勝負ごとが好きですから「当たったら、○○くんの勝ち。できなかったらお母さんの勝ち」などとゲーム感覚でやると楽しんでやるようになるでしょう。

ほかにも「このお話はどんな話？」と短く言わせたり、「主人公の○○ちゃんの家の周りにあるものを描いてみて」と絵を描かせたりすると、「要約」や「映像化（イメージ化）」の力がつきます。

高学年になれば、読み聞かせでなく、本人に黙読させてもいいでしょう。時間を制限すれば、集中力が増し、限られた時間で文章を読み解く訓練にもなります。

数値化で精読力をつける

「問題文の中に答えが書いてあるのに読み取れない、見つけられない」というような男の子に役立つ、もう一つのトレーニングを紹介しましょう。

私が「音読打率ゲーム」と呼んでいるものです。

国語ができるかできないかを判断する簡単な方法、それは、本人に音読させてみることです。

国語ができない子は、ほとんどの場合、文章を正確に音読できません。短い文章を読ませても、言葉を飛ばしたり、「てにをは」を変えてしまったりといったことを何度もします。私たちは「勝手読み」と呼んでいるのですが、自分の都合のいいように読んでしまうのです。

男の子は長い文章に興味がないというのも理由の一つです。興味がないので集中力が続かないのです。

「音読打率ゲーム」は、勝手読みを減らし、集中して読解できる力をつけます。用意するのは40字×50行ぐらいの短い文章です。「天声人語」など新聞のコラムでもいいですし、入試の過去問に使われている文章でもかまいません。

男の子の場合、最初は物語よりも評論文などのほうが興味を持ちやすいようです。

子どもにそれを音読させるのですが、お母さんはその文章を一緒に眺めながら、文章どおりに読んでいないところがあれば、その回数を数えます。

一字一句間違えないで音読するためには、きわめて高い集中力が要求されます。国語が苦手だという男の子の中には、ほとんど1行ごとと言っていいぐらいに間違える子がいます。

逆に、50行で5個以内というくらい間違いが少ない子は、上位校に合格できるぐらいの実力があると言っても言いすぎではありません。

「音読打率ゲーム」では、50行で50個のミスなら10割、5個なら1割とカウントします。

間違いが少なかったら、ぜひ「1割以下はトップクラスなんだって」などとほめてあげてください。本当の話ですから。

できない子でも「明日は○割を目指そう」とゲームのように数値化してやってみると、男の子は乗ってくるでしょう。

「音読打率ゲーム」に慣れてきたら、1回だけ音読し、何が書いてあったか要約して答えさせるといったことをやってみてください。

すでにお話ししたように「主人公はどんな気持ちだったの？」と尋ねると、「ウザい」など「自分」の気持ちを答えてしまう子がいます。

もちろん、**長文読解は作者（や問題作成者）など「他者」の言いたいことをとらえることが大切なのですが、そのワンステップがなかなか上がれないのです。**

「他者性」に気づいた子は、その後、ぐんと伸びます。

読み聞かせは早い時期から始めたい

「子どもを本好きに育てたい」と考えるお母さんがほとんどでしょう。ただし、読書の習慣は家庭文化であり、一朝一夕に作れるものではありません。

すでに述べたように、子どもを本好きにさせるためには、次の３つの方法があります。

● 読み聞かせの成功
● 親が読書好き
● 思春期での貴重な一冊の本との出合い

まずは絵本の読み聞かせです。子どもは読み聞かせから始まり、次には自分で読むようになります。夜、寝る前などに絵本を読んであげるようにするといいでしょう。

お話好きな女の子の場合は「もっと読んで」と、本好きになることが多いのですが、男の子はうまくいかない場合もあるようです。

このため、第一子が女の子で、次が男の子といったきょうだいの場合「お姉ちゃんは本をよく読んだのに、どうしてあんたは読まないの？」と言ってしまう。

なまじ成功体験があるので、うまくいかないとイライラするのでしょう。

女の子ほどには、男の子はもともと物語が好きではないということを理解しておく必要があります。

さらに、お母さんが選ぶ本も、お姉ちゃんが好きだった、人の心の機微を描いたようなものばかりなので、弟はいっそう興味がわきません。

男の子は、ヒーローが飛んだり跳ねたりするような、冒険ものが好きなのです。魔術を使う敵が出てきたり、建物が爆発したりといったものです。

私が子どものころなら、「少年探偵シリーズ」や、「怪盗ルパン・シリーズ」「シャーロック・ホームズ・シリーズ」などが、男の子に人気がありました。私は本は嫌いだったのですが「ホームズ」にははまりました。いまなら「ハリー・ポッター・シリーズ」あたりでしょうか。

読み聞かせは、できるだけ早い時期から始めたいところです。保育園や幼稚園のころから習慣にしたいです。小学校に入ってからおもむろに始めると、子どもは嫌がります。

本に囲まれた環境が本好きの子に育てる

子どもが本好きになる2つ目の方法は、親が本の虫というケースです。

いままでたくさんの子どもを見てきましたが、子どもの自発的な読書欲を引き出すためには、お母さんが本を読む姿を見せることがとても効果があると実感しています。

子どもが「お母さん、ご飯まだ？」と尋ねたら、「ここまで読み終わったらすぐ作るからね」と答えるぐらいのお母さんの子は、だいたい本が好きになります。

「この本おもしろかったよ。読んでみる？」とお母さんが子どもに勧めたり、自由に読める本が本棚にたくさんあったりする家庭だと、自然と本好きになります。

親がテレビばかり見ているのに、子どもだけ本好きになるというような例はあまり見かけません。子どもは親の背中を見て育つものなのです。

男の子の読書好きは思春期がポイント

子どもが本好きになる方法の3つ目のキーワードは「思春期」です。

特に男の子にその傾向があります。

小学校のころは、毎日サッカーばかりやっていて、作文と言えば「今日はシュートを打ちました。うれしかったです」という、お母さんにとっては「ほかに書くことないの？」と言いたくなるような男の子で、本もまったく読まなかったのに、中学生になると突然、たくさん本を読み始めることがあります。

思春期は、親から自立し、自分なりの考え方を持つ時期です。体は大きくなり、声変わりもあります。異性に興味を持ち、自分の容姿も気になるようになります。

受験や将来の仕事など進路も考え始めます。さらに、生や死、人間の存在意義など、哲学的なテーマにも関心を持つようになります。

このような悩みや疑問に答えてくれるのが本です。哲学などの理論書だけでなく、小説でも、古今東西のさまざまな名著があり、若者の問いかけに答えてきました。

この時期に良書と出合った子どもは、「もっと知りたい」と本好きになる例が多いようです。ある作家の作品をまとめて読むといった子も出てきます。

ただ、こういう子のほとんどは、小学生のころに「役に立つから読みなさい」と親が勧めても決してページを開こうとしません。

特に、外遊びが好きな子、スポーツに一生懸命な子の場合、親としては、思春期になり本人にふさわしい時期が来るまで、じっくりと待っているしかありません。

子どもが好きなら 図鑑でも漫画でもOK

「子どもに、どんな本を読ませたらいいでしょうか?」とお母さんたちから尋ねられることがよくあります。

結論から言えば、何でもいいと私は思っています。

女の子は物語が好きですが、男の子は図鑑しか読まないという子もいます。それでも、熱心に活字を読んでいるのなら、そのままにしておいてあげましょう。

お母さんにとっては、全国学校図書館協議会の推薦図書など、いわゆる「いい本」を読ませたいところかもしれません。

しかし、自分の好きではない本を無理に読んでも頭に入りませんし、共感も得られません。

まずは、好きな本を子ども自身に選ばせるほうがいいでしょう。お母さんが読ませたい本以外を否定するのではなく、本に対する興味や関心を引き出すきっかけにしたいものです。

中には漫画が大好きという子もいるでしょう。もちろん、漫画でもいいのです。手塚治虫さんの作品のように、質の高い漫画もたくさんあります。

また、日本の歴史を漫画で学べるような、学習漫画もあります。最近は「歴女」といって、歴史が得意な若い女性が増えていますが、その人たちの中には、学習漫画を読んで歴史が好きになったという人が多いようです。

難しくなりがちな歴史が、物語になっているので入りやすいのです。合戦のシーンなどがイメージしやすいのもいいです。

もちろん、漫画や図鑑から入っても、「もっと知りたい」と思ったり、年齢が上がったりするにつれ、さらに別な本を読むようになるものです。

大切なのは、読書の習慣の入り口で本に対する苦手意識を持たせないことです。

男の子と女の子では好きな本が違う

ここで注意したいのは、男の子が興味を持つ本と、女の子が興味を持つ本が大きく異なることです。

女の子は（もちろんお母さんも）、人の心の機微を描いたものが好きです。ドラマも大好きです。ところが、男の子は生きるか死ぬかというぐらいのことにならないと興味がないのです。

花まる学習会では、２コマ漫画の１コマ目を見てオチを考えるという教材を使った授業を行っています。私たちは「ふたこまマンガ」を略して「たこマン」と呼んでいます。子どもたちの発想力を育むことができる教材です。

この「たこマン」で、低学年の男の子の答えにパターンがあります。それが「そして死にました」というもの。「そして爆発しました」というのも多いです。

要するに、動くものであれば、ビューンと飛んで、ドカーンと爆発するようなもの、ギャグなら音や動きで笑わせるような一発ギャグが好きなのです。

小学生でも高学年になってくると、そこはかとないおかしみや、より高級な笑いを表現するようになりますが、低学年ならほとんど、「一発モノ」です。

お母さんにはぜひ、こんな男心を理解してほしいです。

たこマン

①
once you enter this world,you will be happier.
©the rocket gold star 2010

②
once you enter this world,you will be happier.
©the rocket gold star 2010

子どもが読みたい本がいい本

男の子が読む本は、ほとんどが冒険もので、あとは図鑑やゲームの攻略本です。

図鑑が好きな男の子は、動物の図鑑や機械の図鑑を食い入るように眺めています。「チーターって時速100キロ以上で走るんだぜ」とか、「あの車はロータリーエンジン」なんてことを、目をキラキラさせて話す。

お父さんならまだしも、お母さんにとっては「ロータリーエンジン」と言われても、さっぱりわからないでしょうが、「へえ、すごいね」と言っておけばいいのです。

花まる学習会の授業中に、私が「サマースクールでものすごーく明るい流れ星を見たよ」という話をしたら、小学2年生のある男の子が「それって火球《かきゅう》って言うんでしょ」と言ってきました。

いつも眺めている図鑑に載っていたというのです。「火球」なんて言葉がとっさに出てくる人は、大人でも少ないですね。

本は人間の「知りたい」「読みたい」という欲求に応えるものです。その欲求がないときに「いい本だから」と親が読ませようとしても、子どもは動きません。むしろ本嫌いにしてしまいます。

子どもにとって、「読みたい本」がいい本なのです。いい本でも、読まれなければ意味がありません。

大切なのは、子どもの興味・関心の幅を広げ、それに応えてあげることです。「もっと知りたい」「読みたい」と思ったときに、大きな書店に連れて行ったり、図書館に行ったりして、本の選び方や図書館の利用方法などを教えてあげましょう。

ただし、買ってきた本を子どもが読んでいないとしても、「せっかく買ってきたのに！」としかることのないようにしましょう。

読み方は子どもに任せるのも、本好きの芽を育てる大切な点です。

勝負心を刺激して読書力をつける

男の子は、何でも勝ち負けにこだわるところがあります。きょうだいでゲームをしても「勝負」ですし、おやつの大きさでも、勝った負けたと言っています。そんな男の子の特徴を利用して、読書のきっかけをつくろうとしているのが、花まる学習会の「読書ラリー」です。

読書ラリーは10年ほど前に始め、現在も継続して行っています。

ルールは簡単です。本を読んだページ数に応じて与えられるポイントを競います。子どもたちには、一人ひとりに「ラリー表」が配られ、ポイントに応じて、すごろくのようにマス目を塗りつぶしていきます。

最初にもらうラリー表は、１ページ１ポイントで、２０００ポイント（２０００ページ）がゴールです。

読む本は何でもかまいません。子どもたちが、自分で読みたいと思う本でいいのです。

こう説明すると、とても単純なのですが、勝負好きな男の子たちの間ではとても盛り上がるのです。

「あいつには負けられない」というわけです。

週末に数百ページ読んできたという子もいます。1年間に1万ページ以上も読む子もたくさんいます。

もちろん、普通の男の子と比べるとかなり多い読書量です。

読書ラリーのいいところは、第一に、それまでまったく本を読まなかった子に、読書の習慣を身につけさせることができることです。

ラリー表を塗りつぶしていくため、さぼるとはっきりとわかります。逆に、たくさん読むと、どんどんマス目が埋まっていくので励みになります。

さらに、読書ラリーに参加することで、本を読むスピードが速くなり、一度にた

読書ラリー表

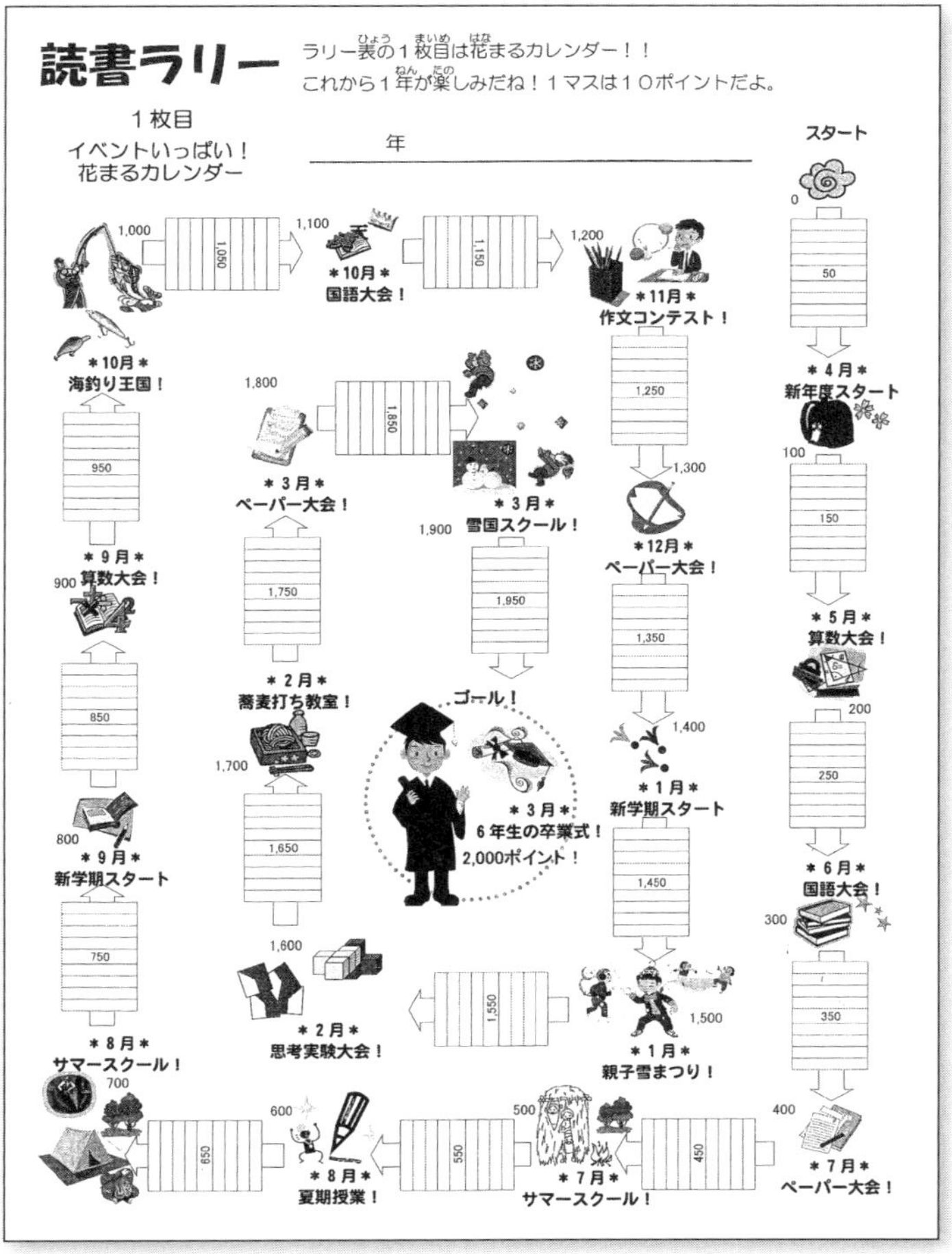
読書ラリー
ラリー表《ひょう》の1枚目《まいめ》は花《はな》まるカレンダー！！
これから1年《ねん》が楽《たの》しみだね！1マスは10ポイントだよ。
1枚目
イベントいっぱい！
花まるカレンダー
年
スタート
0
50
＊4月＊
新年度スタート
100
150
＊5月＊
算数大会！
200
250
＊6月＊
国語大会！
300
350
400
＊7月＊
ペーパー大会！
450
500
＊7月＊
サマースクール！
550
600
＊8月＊
夏期授業！
650
700
＊8月＊
サマースクール！
750
800
＊9月＊
新学期スタート
850
900
＊9月＊
算数大会！
950
＊10月＊
海釣り王国！
1,000
1,050
1,100
＊10月＊
国語大会！
1,150
1,200
＊11月＊
作文コンテスト！
1,250
1,300
＊12月＊
ペーパー大会！
1,350
1,400
＊1月＊
新学期スタート
1,450
1,500
＊1月＊
親子雪まつり！
1,550
1,600
＊2月＊
思考実験大会！
1,650
1,700
＊2月＊
蕎麦打ち教室！
1,750
＊3月＊
ペーパー大会！
1,800
1,850
＊3月＊
雪国スクール！
1,900
1,950
ゴール！
＊3月＊
6年生の卒業式！
2,000ポイント！

くさんの量を読むことにも抵抗がなくなります。高学年になると、「ラリー表を塗るのが間に合わない」というぐらいの量を読みます。

花まる学習会では、読書ラリーを通じて、たくさんの子どもたちが、本好きになりました。

もちろん家庭でも、親子やきょうだいの間で、読書ラリーをすることができます。わが家オリジナルのラリー表を、子どもに作らせるのもいいですね。

書けない男の子の五感を引き出すテクニック

「うちの子は作文がまったくダメで」というお母さんの相談をよく受けます。

確かに、男の子には作文が苦手な子が少なくありません。

大きな理由は、すでにお話ししましたが、男の子は、目の前で起こっている事象には飛びつくけれど、そのときの心の機微、特に他者の気持ちには興味がないからです。

なので、

「今日は〇〇くんとプールに行きました。楽しかったです」

「サッカーをしました。楽しかったです」

といった作文ばかりになってしまう。文章がとても平板です。

お母さんにとっては、「もっとほかに書くことあるでしょ？」と言いたくなるところでしょう。

こういう子に、気づきを与える方法があります。それは五感で感じたことを言葉で引き出してあげることです。

たとえば、サッカーをしたことを作文に書くなら、

「やっているときに何が見えた？」（視覚）と、尋ねます。

そう言われても、子どもはピンとこないかもしれません。でも「よく思い出してごらん」と言うと、

「そういえばボールがビュンと飛んできた」
「じゃあ、どんな音が聞こえた？」（聴覚）
「旗がパタパタいっていた」
「どんなにおいがした？」（嗅覚）
「倒されたときに、土がぷんとにおった」
といった具合です。

「今日、サッカーをしました。
ボールがビュンと飛んできました。
旗がパタパタいっていました。
倒されたときに、土がぷんとにおいました」

こういう五感で感じたことを加えた文章にするだけでも、「サッカーをしました。

楽しかったです」といったものに比べて、ずいぶんいい作文になります。子どもが実際に感じたことを引き出すことができています。

もちろん、毎回これだと、読むほうも「またか」ということになりますが、ここぞというときには使えるテクニックです。

作文らしく書かせるには、ほかにも、比喩や擬態語、セリフ（カギ括弧）などを効果的に使うという方法もあります。ただし、これらもやりすぎると、いやらしくなってしまいます。

自分の気持ちに正直に書かせよう

ここで注意したいのが、親としてはどうしても「いい作文」を書かせようとしてしまうことです。

親が思ういい作文とは、心優しい、周囲に思いやりのあるわが子を知らしめる作文です。

女の子だと、それを察知する能力が高いですから、社会に起こった事件などについても、自分から先に「とてもかわいそうだと思いました」とか「あってはならないことだと思いました」といった書き方をしてしまいます。

もちろん、そういう思いはあるのでしょうが、きれい事に終わっていて表現も平板です。

男の子であれば、徒競走でライバルの子が転んだときの気持ちを「しめた、と思ってしまいました」と、自分を見つめて正直に書くことができればいい作文になります。

このような作文を書くには、自分の気持ちを正直に書く習慣が必要です。

ところが、お母さんがこのような作文を見ると、「なんでそんなことを書くの？」と、子どもの素直な気持ちよりも、周りがどう思うかを優先してしまうのです。

男の子の他者性は、女の子よりも遅く育ちます。自分では思ってもいないことを書かされると、作文が嫌いになってしまいます。

他者性は成長とともにつきますので、まずは自由に書かせて、素直な気持ちを書く楽しさをつぶさないように注意しましょう。

親子の会話が作文力も伸ばす

これまでも読み聞かせた本の内容を要約させるトレーニングを紹介しましたが、作文でも同様です。

子どもに「今日何をして遊んだの？」「そこでどう思った？　くやしかった？」と、まずは親子の会話が豊かにならないと、作文の表現にも厚みが出てきません。

「五感で感じたことを言葉で引き出す」と言いましたが、この感性を伸ばせるかどうかは家庭での会話にかかっています。

「モミジが真っ赤できれいだね」と、お母さんやお父さんが話すのを聞くことで、子どもは「こういうのをきれいって言うんだな」と知るわけです。

特に男の子は、「新幹線はすごく速い」といったことはすぐに理解できても、「風が暖かくなって新緑が気持ちいい」といったことは、自分ではわかりません。これは、周りの大人が教えてあげる必要があります。

家族で温泉に行ったときの作文に、「家族で温泉に行きました。楽しかったです」しか書けないとしたら、感情を引き出す会話が少なかったということです。

たとえば、家族で温泉に行って、硫黄のにおいがしたことについて、

「うわ、くせー」という子どもに、

「どんなにおい？」

「おならみたいだけど、なんだか鼻にツンとくる」

「そうだね。これを腐卵臭、卵の腐ったようなにおいって言うんだよ」

と教えることで、子どもは五感を表現する方法を知ります。

「家族で温泉に行きました。
おならのにおいみたいに臭かったです。鼻にツンときました。
お母さんが、『卵が腐ったようなにおいって言うんだよ』と教えてくれました」

比喩表現なども、インプットがなければアウトプットがありません。家庭で五感を磨く環境が大事なのです。

逆に言えば、日ごろから会話が豊かな家庭では、小学4年生、5年生ぐらいになると、作文がぐんとうまくなります。心配せず、気長に待ちましょう。

メシが食える人はオタク性が強い

男の子は、一つのものを突き詰めていく力、言い換えればオタク性が強いです。

電車が好きな男の子は、車両の一部の写真を見ただけでも「これは○○系」などと瞬時に口にします。自動車や飛行機に詳しい男の子もいます。

男の子はへんなものを収集するオタクでもあります。石ころや貝殻などを拾ってきては、箱に並べて喜んでいます。

お母さんがゴミだと思って捨ててしまい、たいへんなことになったという話も聞きます。

男の子のこういったオタク性は、実は将来役に立つことが多いのです。**私がよくお話しする「自分の力でしっかりとメシが食えている人」は、実はオタクな人が多いのです。**

以前、ある数学者に会ったことがあります。

若いのに大学の教授になっていて、「神」というあだ名の人でしたが、授業はぼそぼそと独り言を言っているような感じで、何を言っているかもわからない。質問しようとそばに行ったら、鼻毛が剣山のように出ていました。目は洞爺湖のように澄んでいましたけれど。天才というのはこういう人なのですね。

男の子のオタク性を活かした漢字練習法

国語の勉強に欠かせないのが漢字です。国語の宿題では必ず漢字の練習があります。

漢字練習は、同じ文字を何度も書かなければならず、たいくつになりがちです。

特に男の子は、一つの漢字を10回書きなさいというと、にんべんだけ先に10個並べて書くといったことをやることもあります。

私もそういう子どもでした。見方を変えると効率性を追求していると言えなくもないですが……。

漢字が苦手な男の子には、オタク性を活かして、楽しく学ばせましょう。

たとえば、クラスのほかの男の子が書けないような漢字に興味を持つ子もいます。

「薔薇《ばら》」とか「鬱《うつ》」などです。

花まる学習会でも、小学3年生ぐらいの男の子が「先生、これ読める？」と、「薔薇」を目の前で書いてくれます。みんなに「すげー」と言われて誇らしげです。

きへんの漢字に強い「きへん博士」や、さかなへんの漢字なら何でも書ける「さかなへん博士」などもいいですね。

きょうだいで勝負させてもいいです。お父さんやお母さんが読めないような漢字まで書けるとなると、モチベーションもぐんと上がります。

勉強ができる子は要約力が高い

国語力というものは結局、相手の考えを読み取る、自分の考えを伝えるということにほかなりません。要するに、コミュニケーション力なのです。

いま私は、「要するに」という言葉を使いました。「要するに」というのは、「要約すると」という意味です。**子どもの国語の能力を伸ばすには、この要約する力を**

身につけさせることが大切です。

実はここにも、家庭環境で差がつくことがあります。

お父さんやお母さんが「要するに」「つまり」といった言葉をよく使う家庭は、相手の言いたいことを要約するという体験が多いということです。

国語ができる子どもの親御さんに会うと、「要するに」という言葉が口癖という例が多いのです。

一文要約で苦手な国語を克服する

私は、特に作文が苦手な男の子には、物語の「一文要約」を勧めています。

一文要約ができれば、国語だけでなくほとんどの勉強ができるようになります。

逆に言えば、勉強ができる人は例外なく一文要約が得意です。

漫画でも小説でも、読み終わって「おもしろかった」と言っている子どもに、「どんな話？」「どこがおもしろかったの？」と一文で要約させるのです。

やってみるとわかりますが、小学3年生ぐらいまでは、たとえば「桃太郎」のお話でも、「桃が流れてきた」といったように、特定の場面で答えようとします。

そうではなく、「桃太郎が3人の家来を連れて、鬼ヶ島にいって鬼を退治した話」といったように言わせるようにします。

物語を一文で要約させることを、ていねいに繰り返すのです。

最初は、お母さんが「そうじゃなくて、こういうふうに言うのよ」と、何度もやってみせるしかありません。

物語であれば、「誰がどうしてこうした話」と、必ず一文で要約することができます。評論文であっても、たとえば「日本人はもっと自分の頭で考えるべきだ」といったように要約することができます。

大切なのは、どんな内容でも、相手がわかるようにまとめて伝えることができる力です。家庭での日ごろの会話がとても大切なのです。

先輩の言葉で国語力がぐんと伸びた！

花まる学習会の生徒で、中学受験の時期に国語力がぐんと伸びた男の子がいました。

算数はとてもできる子でしたが、国語に関しては「国語？　何それ、嫌い！」「心の機微？　うぜぇ～」と、まじめに取り組もうとしていませんでした。

理屈で考える男の子によくあるタイプです。

ところが、中学校見学会で憧れの先輩に会ったときに、「ここはジェントルマンの学校だよ」と言われて、「オレ、無理！」とガックリ。

でも、そこで「ジェントルマンになってやる」「絶対、合格してやる」と、勝負心のようなものに火がつき、国語に取り組む姿勢が、それまでとはガラッと変わりました。

すると、国語の成績はぐんと伸びていきました。

親がいくら口を酸っぱくして「やりなさい」と言ってもだめだったのが、先輩の一言で変わるというのは、男の子にはよくあることです。

まじめに国語に取り組むようになった彼は、中学受験から帰ってきて「国語の問題、いい内容だったよ」と言って、お母さんを驚かせたそうです。さらに中学生になると、かなりの読書家になりました。

第5章

国語力が後伸びするノート法

なぜノートが必要なのか？

ノートについて具体的な話をする前に、なんのためにノートが必要なのかを確認しておきましょう。

ノートは、「学習した内容をより効果的に自分のものにするため」にとります。さらに言えば、習ったことを頭に残すため、それを繰り返して覚えるため、そして、まとめるためにとります。

子どもにただ「勉強しなさい」と言う前に、ノートを使った効果的な学習の仕方を教えてやるのも大事なことです。

教科書や本を読み、コツコツと問題集をこなし、そこでわからなかった漢字や言葉をノートに書き残す↓書きためたノートの内容をときどきテストする↓繰り返す——それが生きたノートの使い方です。

いいノートと悪いノート、その違いは？

ノートのとり方の善し悪しは、単純に見た目がきれいかどうかで判断できるものではありません。これまでも「こんなにきれいにノートをとっているのに成績はいまいち」という子をたくさん見てきました。

きれいなノートをよしとする理由の一つに「お母さんのため」というのがあります。「きれいに書けばお母さんがほめてくれる」「汚いとしかられるし〜」といった具合です。

まずは、「自分が理解するためにノートをとる」ということをしっかり子どもに認識させなければなりません。

汚すぎて、書いた本人も何が書いてあるかわからないのでは困りますが、「きれいなノート＝いいノート」ではないことを具体例で見てみましょう。

いいノートの例

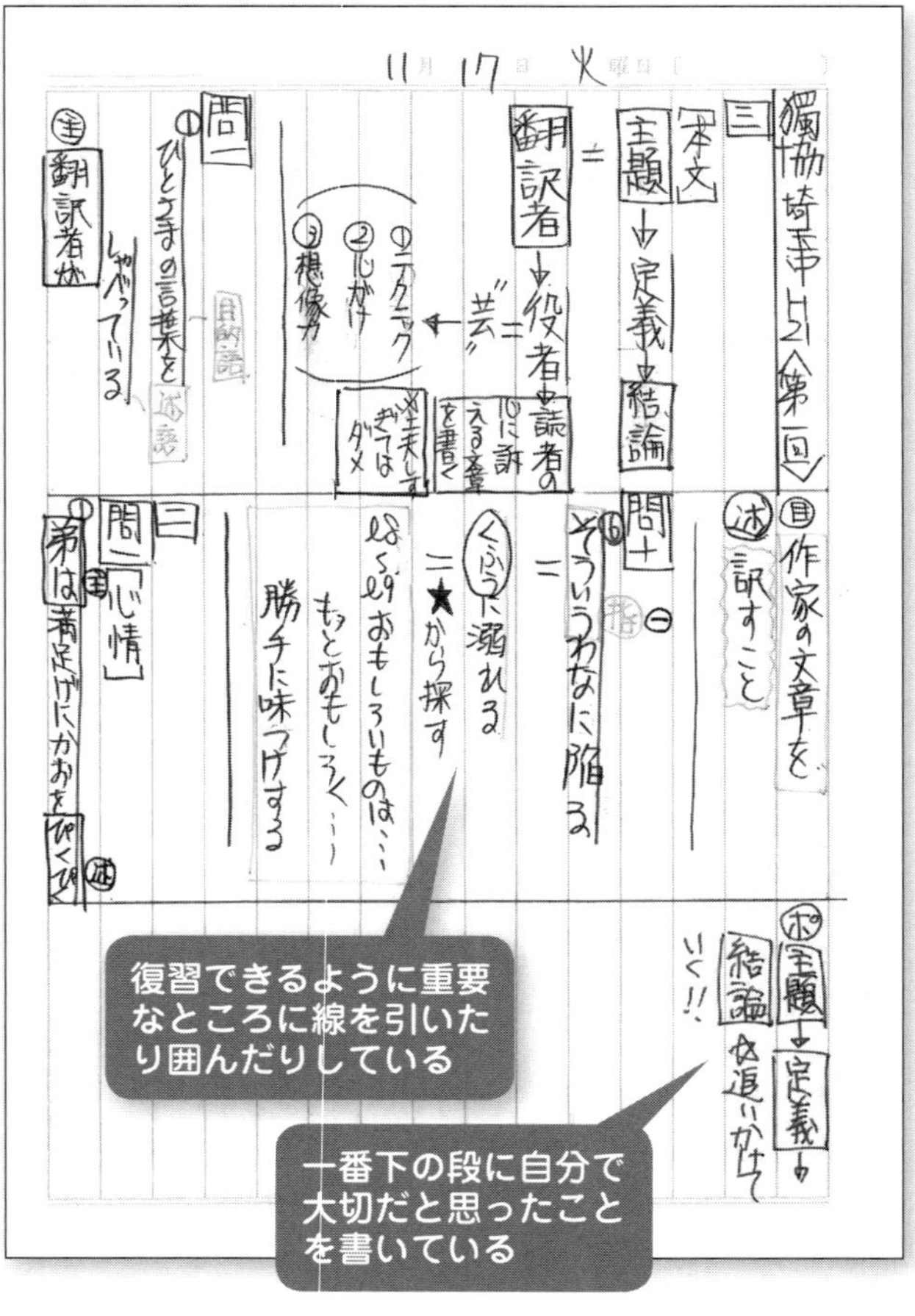
復習できるように重要なところに線を引いたり囲んだりしている
一番下の段に自分で大切だと思ったことを書いている

後伸びしない子の危険な兆候をチェック

一見乱雑に見えても頭の中をきちんと整理して書いているかそうでないかが、ノートの善し悪しを測る重要なポイントです。

後伸びしない子のノートには、「きちんとタイプ」「見て写しタイプ」「これだけ!?タイプ」「ぐちゃぐちゃタイプ」という4つの危険な兆候があります。

「きちんとタイプ」は、どちらかというと女の子に多いのですが、きれいに書くことが目的となってしまっているノート。ていねいさや飾り立てることに時間を無駄にかけています。

「見て写しタイプ」は、その名のとおり、黒板などの文字をひたすらノートに写しているだけのノート。「見る→写す」を繰り返す作業は、「入れる→出す」と同じで、授業の内容がまったく頭に残っていない可能性もあります。

「これだけ!?タイプ」と「ぐちゃぐちゃタイプ」は、記述が極端に少なく空白が目立つノート、注意が散漫でまとまりのないノート。頭の中で考えたことをきちんとノートにとる習慣が育っていない危険性があります。

まずは、ノートをとる目的、つまりノートは人に見せるためのものでも、ただ書けばいいものではなく「自分のため」、そして「頭を働かせるため」の大切な道具であることを子どもに理解させることが大事です。

学校や一般の学習塾では、なかなか一人ひとりのノートチェックや指示を十分にやりきれていないのが現状。家庭のかかわり方が、重要になってくるのです。

子どもにやらせるだけでなく、親がちょくちょく子どものノートを見て危険な兆候が出ていないかどうかをチェックし、子どもが学習した内容をきちんと理解しているかどうか、問いかけてみましょう。

アドバイスの基本は、具体例を挙げて「ノートに書くとわかりやすくなるよね」ということを子どもに実感させることです。

基本は授業ノートと漢字練習ノート

まずは、代表的なノートを紹介します。

「授業ノート」は、授業で習ったことを書き留めるためのノートです。前段階として、先生の話をしっかり聞き、理解することが大切です。先に述べたように見て写すだけでは意味がありません。

「演習ノート」は、問題練習をするときに使うノートです。国語の場合は、「漢字練習ノート」として使うことになります。算数の計算などでは、スピード感が重視されますが、国語の漢字練習の場合は、ていねいに書くことを意識します。

「知識ノート」は、基本的には質問と答えの形にまとめ、自分専用の辞書または参考書として使うノートです。国語の場合は、知らなかった言葉の意味を調べてまとめる「言葉ノート」になります。

どのノートにも共通する書くときのルール、ポイントがいくつかあります。

表紙には、必ず、①教科の名前、②ノートの種類、③自分の名前、④使い始めた日、⑤番号（ナンバリング）を書き込みます。

名前を書くのは、ほかの人のノートと間違えたりしないとか、なくしたり、忘れたりしないためだけでなく、ノートが自分にとって大切なものであることを意識させるためです。

ナンバリングも自分がどれだけ勉強してきたのかという一つの自信につながります。日付は、ノートの中身を記述する際にも必ずその都度書くようにします。見返すときの目安になるからです。

これまで多くのノートを見てきた経験から、伸びる子のノートにはほどよい余白があります。「もったいない」と言って、びっしりと詰めて書く子がいますが、行間・字間に余裕がない子は、成績が伸びません。

適度な余白は、学力向上に欠かせない要素なのです。

国語の授業ノートのとり方

授業ノートの主な目的は、「咀嚼」です。後で書いたものを見たときに、意味がきちんとわかるように注意して書きます。

国語の授業ノートに記述する内容は、ほとんどが言葉や文章です。算数のような数式やグラフなどはありませんが、その言葉や文章が何を意味するのかをきちんと理解したうえで、書き留めなくてはなりません。

それには、**板書されたことをそのまま丸写しするのではなく、大切なポイントをわかりやすく残しておくことが大切です。**

たとえば、ポイントは赤文字で書いたり、囲んだりすることで見やすくなります。

黒板に書かれたこと以外でも、先生の話の中で大事だなと思ったことはメモしておきます。

国語の授業ノートの例

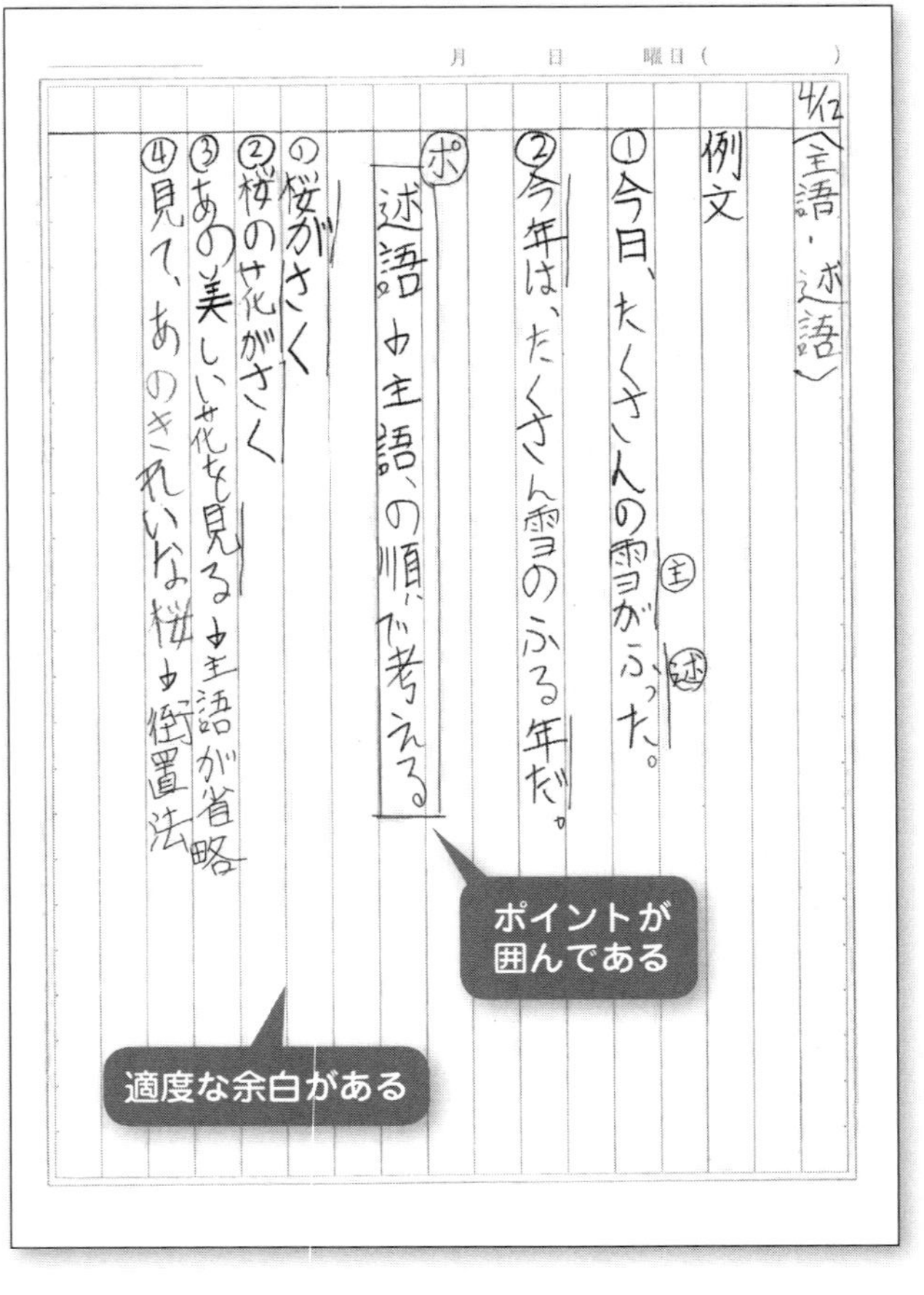

月 日 曜日（ ）
4/12
〔主語・述語〕
例文
①今日、たくさんの雪がふった。
主
述
②今年は、たくさん雪のふる年だ。
ポ
述語→主語、の順で考える
①桜がさく
②桜の花がさく
③あの美しい花を見る→主語が省略
④見て、あのきれいな桜→倒置法
ポイントが囲んである
適度な余白がある

漢字練習ノートの作り方

漢字練習ノートは、漢字を反復練習して、体に染み込ませていくという意味で、「消化」しきることが目的です。

漢字は、トメ、ハネ、ハライを意識して、ていねいに書くことが大切です。

男の子の場合、トメ、ハネ、ハライどころか、形すらも意識せずに、ただひたすら回数をこなすことだけになりがちです。

「漢字は面倒くさいもの」と考えているため、書くたびに違う字を書いてしまうこともしょっちゅうです。読み方がわからないまま本当に形だけを覚えようとする子もいます。記憶のメカニズムからいっても、とても効率の悪いことをやっているのです。当然、やってもやっても覚えることができません。

漢字を効率よく覚えるには、最初から理想的な形で練習すればいいのです。形、読み、部首、意味、熟語を最初から取り入れる形で練習します。

熟語の読み方がわからないものは聞く、意味がわからないものには印をつけておき、意味調べをする。そういったことをしながら、漢字を覚えていきます。

そして、それをもとにしたテスト形式の問題で実践し、できなかったものだけを定期的に練習する。効率よく、しかも短時間で効果が上がる練習法です。

ここで大切なのは、覚えたかどうかを定期的に確認することです。

練習直後、2〜3日後、1週間後といったスパンでやるといいでしょう。練習直後と1週間後にやるのは、テスト形式の問題。途中で確認するのは、テスト形式でやった際に間違えた問題だけを確認します。

できないものだけに絞って確認できます。また、その場で間違えてしまったときには、その場で5回練習するというルールにしておくのがいいでしょう。

あとは、継続して行っていくために、練習する日を決めることや、ノートの型式を作っておくといったことが大切です。

漢字練習ノートの例

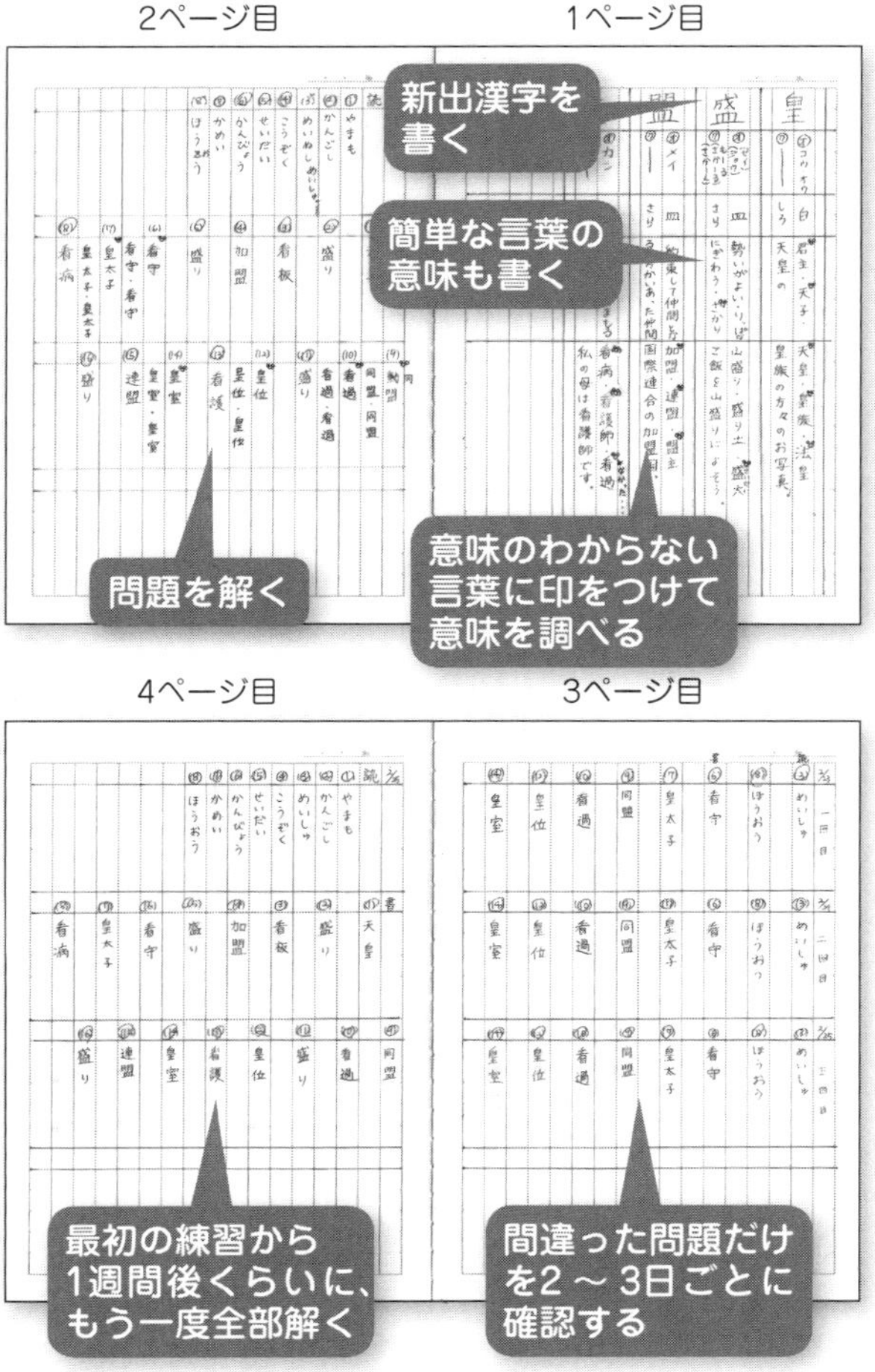

2ページ目
1ページ目
新出漢字を書く
簡単な言葉の意味も書く
問題を解く
意味のわからない言葉に印をつけて意味を調べる
4ページ目
3ページ目
最初の練習から1週間後くらいに、もう一度全部解く
間違った問題だけを2～3日ごとに確認する

言葉ノートの作り方

すべての学力の土台にあるのは語彙力です。

低学年のうちは、いろんな言葉を聞き、その都度「なあに?」「何のこと?」と尋ね、「○○ってことだよ」と言えば、すぐに覚えてしまいます。だから、親子でたくさん会話をするというのがとても大事なのです。

低学年での人に聞いて覚える経験があったうえで、小学4年生からは、ノートに残して覚えていく時期に入ります。

わからない言葉があったら、自分で辞書を引いてその読み方や意味を書きためていく「言葉ノート」を作ります。

言葉ノート作りで大切なことは、知らない言葉や理解があやふやな言葉に出合ったら、すぐに辞書を引く習慣を身につけることです。時間が経つと、知りたいという気持ちが薄れ、そのうち「めんどくせぇ。まぁいいか」となってしまいます。

「知らないことをそのままにしておくと、なんだか気持ち悪い」という子は必ず伸びます。知への関心の扉を開ける原点が、言葉ノートをつけるときの辞書引きにあると言ってもいいでしょう。

大人になってからでは、習慣化するのはとても難しくなります。小学生のうちから実践することが大事なのです。

授業中などですぐに辞書を引くことができないときには、印をつけたり、付箋を貼ったりして、後で必ず調べるようにします。

もう一つ大事なことは、ノートは「使ってこそ意味がある」ということです。

意味調べをたくさんするけど、語彙が増えないという子の場合、書きためたところで満足してしまっているということがあります。

ノートを見返し、ときどき意味を理解しているかチェックしてこそ、その言葉が自分のものになるのです。語彙の獲得が、文章の読みの精度を上げる決め手です。

言葉ノートの例

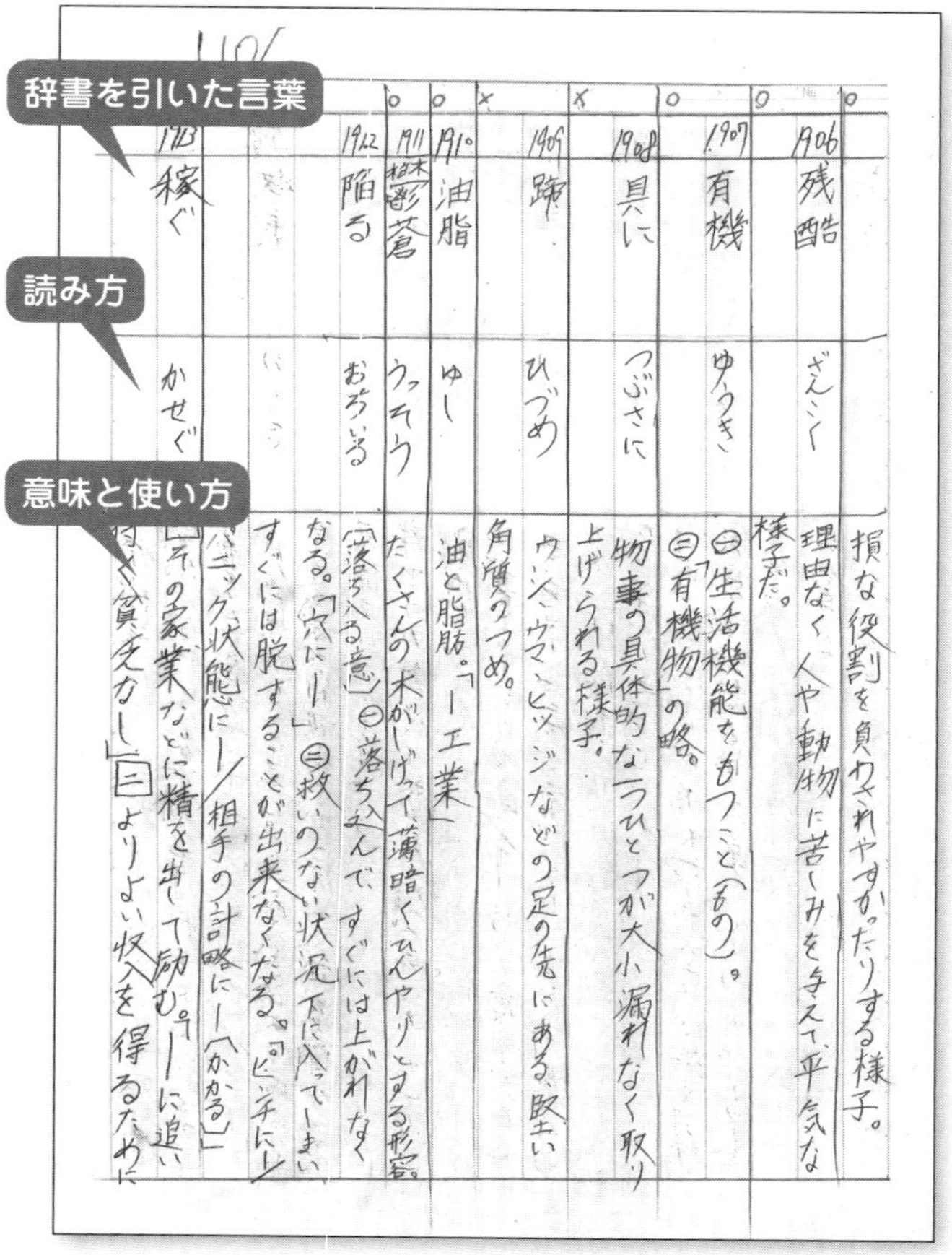
辞書を引いた言葉
読み方
意味と使い方
1906 残酷 ざんこく 損な役割を負わされやすかったりする様子。理由なく人や動物に苦しみを与えて平気な様子だ。
1907 有機 ゆうき ㊀生活機能をもつこと（もの）。㊁有機物の略。
1908 具に つぶさに 物事の具体的な一つひとつが大小漏れなく取り上げられる様子。
1909 蹄 ひづめ ウシ、ウマ、ヒツジなどの足の先にある、堅い角質のつめ。
1910 油脂 ゆし 油と脂肪。「ー工業」
1911 鬱蒼 うっそう たくさんの木がしげって、薄暗くひんやりとする形容。
1912 陥る おちいる ㊀落ち込んで、すぐには上がれなくなる。「穴にー」㊁〔落ち入る意〕救いのない状況下に入ってしまいすぐには脱することが出来なくなる。「ピンチにー」「パニック状態にー」「相手の計略にー（かかる）」
1913 稼ぐ かせぐ ㊀その家業などに精を出して励む。「ーに追いつく貧乏なし」㊁よりよい収入を得るために

読書・要約ノートの作り方

要約力、要旨をつかむ訓練として作るのが、「読書・要約ノート」です。

低学年のうちは、単に「読書ノート」として、読んだ本の話を一言でまとめたり、感想を書いたりします。幼稚園時代から読書ノートをつけていた子もいました。お母さんが子どもの感想を聞き取って書いてあげているのです。

自分の感想を言語化するというのは、言葉のレベルを確実に高めます。

低学年までは、「何が、どうして、どうなった」というように一文で話をまとめ、感動したことや心にわいた疑問などを素直に書いていきます。

高学年になったら、テーマ性も意識して要約します。つまり、その文章から学び取れることは何かを重視するということです。それが、読み取れるかどうかで、読みの深さが変わってきます。

書かれた内容は、経験豊富な大人が必ずチェックします。

文章の中で、筆者が最も伝えたかったことは何なのかをしっかりつかめているかどうかがポイントです。

このやり取りの積み重ねが大切なのです。

要点をつかむのが苦手な子にとって、この作業はとても大きな負荷になるでしょう。でも、それを乗り越えた子が、本当の意味で「文章が読める子」になるのです。

新聞を利用したノート作り

国語力を伸ばす教材は、本や学習用教材だけではありません。新聞にも勉強に使える要素がたくさんあります。

最近では、新聞をとっていない家庭も増えていると聞きますが、新聞には、良質な文章に、豊富な語彙、さまざまなジャンルが含まれています。

何より、いま社会で何が起きているかがわかります。新聞記事を題材にすることで、世の中のことに関心を持たせ、子どもの思考力や表現力が高められるのです。

具体的にお勧めのノートは２種類。要約力アップノートと問題意識ノートです。

国語の問題を解くには、何が問われているのかを理解することが必須です。それには、書かれている内容を要約する力が欠かせません。新聞記事は、そのための効果的な教材になります。

特に中学受験を考えている子にはお勧めです。

「要約力アップノート」に使う記事は、子どもに選ばせましょう。子ども自身が、自分の興味や関心のある記事を選んで要約することで、主体性が養われます。

一方、**「問題意識ノート」で取り上げる記事は、親が選びます。**社会的な事柄を親がわかりやすく説明してやれば、子どもは社会を身近に感じることができるようになります。

新聞をネタに親子で議論ができるなんて、素敵じゃありませんか！

付録 花まる学習会の男の子が好きな本

花まる学習会・スクールＦＣの小学５、６年生の男の子に、読書アンケートを取りました。「どんな本を読ませたらいいのかわからない」という、お母さんの参考になる結果が出てきましたので、さっそく紹介しましょう。

男の子は読書でもスリルを味わいたい

読書アンケートの結果として、「推理小説」「探偵小説」のジャンルへの熱い想いがたくさん寄せられました。

コナン・ドイルの「シャーロック・ホームズ・シリーズ」、江戸川乱歩の「少年探偵シリーズ」など王道のものから、テレビドラマの影響もあるのでしょう、『謎解きはディナーのあとで』など大人向けの推理小説も名を連ねていました。

花まる学習会で作った、男の子の性質をうたった川柳にこんなものがあります。

理由なく　危険愛する　僕がいる

授業や野外体験の現場で見ていると、まさにこのとおり。

「危ない！」と言ったことを、あえてやりたがるのが男の子です。

たとえば、食事の後の片付けの時間。男の子は決まってコップを高く高く積み上げたがります。

２つ重なったコップと、３つ重なったコップがあれば、女の子は２つ重なったコップのほうに自分のコップを重ねるのですが、男の子は３つのほうに重ねるのです。

そこに理由などありません。

また、**「謎解き」という言葉にも夢中になります。**

野外体験の場で、自分の靴下の片方がないと騒ぐ男の子に、「ちゃんと探しなさい」と10回言っても聞きません。

ところが、「さぁ、では、いまから君は探偵です。靴下が片方なくなった謎を解いてみよう。まず最初に、君が最後に靴下を見たのは……」と始めるだけで、前のめりになって靴下を探し始めます。

「推理小説」「探偵小説」が好きな男の子は、説明する力が伸びています。

論理的に考える思考が鍛えられるのでしょう。

また、子ども向けの作品から始まって、徐々に大人向けの作品にも手を伸ばしていける、いや、手を伸ばさざるをえなくなるのが「推理小説」「探偵小説」のいいところです。

男の子が好きな「スリル」を糸口に、ぜひ奥深い読書の世界へと足を踏み入れていきましょう。

男の子を魅了する冒険の世界

読書アンケートの中で、一番多くの作品が挙げられたのが、「冒険・ファンタジー」というジャンルでした。もちろん、一口に「冒険」とはくくれないほど、さまざまな本があります。

みんないろいろな冒険の本を読んでいて、その子の性格によって「これが一番好き！」というのが異なることが、アンケートの結果を通じてわかりました。

代表格は、やはり「ハリー・ポッター・シリーズ」でしょうか。また、「デルトラ・クエスト・シリーズ」「マジック・ツリーハウス・シリーズ」なども人気です。昔からある本では「十五少年漂流記」も好きな本として挙げられています。

このジャンルは、男の子には人気があるのですが、お母さんには心配の種でもあるようです。

「マジック・ツリーハウス」や「デルトラ・クエスト」といったシリーズものばかりを好んで読んでいる男の子のお母さんからは、「うちの子、もっとほかの本も読ませたいんですけど……」という相談を受けることがあります。「『かいけつゾロリ』しか読みません！」と、怒っていたお母さんもいました。

教科書に取り上げられるような本ではないだけに、心配になることもあるのかもしれません。

しかし、**読書の楽しさは、強制ではないところにあるのです。**

その子が、そのとき、自分で手に取った本が、一番欲している本です。それを無理に、お母さんの基準で選んだ本を読ませようとしても嫌いになってしまうだけでしょう。

同じ本を何度も読む……、それだけその物語に入り込んでいるのです。暗唱できるほど好きになった本があることは、すばらしいことです。

シリーズものばかり読むのは、男の子の特徴です。男の子は、制覇したいものなのです。ゲームのように1冊ずつクリアしていく感覚もあるのでしょう。

その制覇したい欲求は、やがて、その作者の本を網羅したいという気持ち、そのジャンルのほかの本を網羅したい気持ちにもつながっていきます。

「冒険」は男の子にとって、夢であり、ロマンです。男の子にとって、読書の入り口としては、きっと一番入りやすいジャンルかもしれません。しかも、種類が豊富にあります。

その子が手に取った、その子にとっていま一番魅力的な冒険の世界を大切にしてあげましょう。そして、そこから少しずつ冒険の世界を広げていくのを、お母さんは、温かく見守ってあげてほしいと思います。

思春期の男の子の憧れの力は大きい

花まる学習会でも、サッカー好きの男の子の多さは、やはり圧倒的です。

たとえば、小学2年生の終わりに入会してきて、今年6年生になるY君。当時からサッカーが大好きで、毎週1枚書く自由作文のテーマは、ほぼすべて「サッカー」でした。

どのくらいサッカーをやっているのか聞いてみると「週4」、それが、4年生には「週5」になっていました。

このY君のお母さんがまたすばらしいんです。「いつになったら別のテーマになるんでしょうねえ」と言いながら、大らかに見守ってくれていました。「別のテーマで書きなさい！」と言われなかったおかげで、Y君は作文を嫌いになることなく育ち、花まる学習会の作文コンテストで、優秀作品として文集に載るまでになったのです（ちなみにテーマは「キャンプファイヤー」でした）。

サッカーに明け暮れてきたY君ですが、実は、大好きなサッカー選手の本は山ほど読んでいるのです。とりわけ大好きなFC東京の選手の本は、ほぼ網羅して読んでいるのですから驚きです。

この原動力は、一言で言えば「好き」というより「憧れ」でしょう。特に10歳以降の思春期、憧れの力は大きいです。

中学で部活に入ったばかりの男の子が「先輩神だわ」「半端ない」なんて言っているのをよく聞きませんか？

憧れている人が言うことならストンと心に落ちるし、よしがんばろう！　と思えるわけです。

ちなみに、Y君は歴史も大好きです。そのおかげで、漢字も得意になりました。伊達正宗や坂本竜馬など、自分が「魅力的だなあ」と思った人の物語には、ぐいぐい引き込まれていくのです。

サッカー選手、野球選手、歴史上の人物……、身近な誰かでなくても、はたまた時代を超えても、憧れの人、かっこいい大人の言うことは聞くのです。

そういう、文章を楽しむ以外の読書への入り口も、十分あり、と言えるのではないでしょうか。

リアルな人間ドラマが男の子の心も熱くする

アンケートの結果、意外なジャンルも判明しました。『プロジェクトX　リーダーたちの言葉』や『はやぶさ／ＨＡＹＡＢＵＳＡ』のような、いわゆる、リアルな人間ドラマ・ドキュメントというジャンルです。

幼児期を経て思春期へと突入する時期の男の子の特徴の一つとして、「本気の勝負しかしたくない」ということが挙げられます。

手加減や配慮は要らない、実力勝負がいい。より高いハードルほど燃える。能力的にも、一番成長する時期です。要は「鍛え時」ということです。

たとえば、中学受験の勉強について、よく「あんなに勉強させてかわいそう」という人がいますが、それは間違いです。彼らは、学べば学んだだけ吸収する時期にいます。学んだことが自分の力になるのをはっきり自分の目で見て実感すること、実力で勝負することに喜びを見出す時期なのです。

そういう意味で、大人に向かって成長しつつある時期なので、大人の世界での熱いやりとりに興味が向くのも、自然と言えます。

たとえば、プロ野球の結果のように、女性からすれば「なんでそんなことに熱くなるんだろう」と思うようなことも、男性にとっては一大事です。

「この本、お父さんが夢中になって読んでたよ」と、手渡してあげるのも、10歳以降の男の子には有効といえるでしょう。

子どもたちのアンケートには挙げられていませんでしたが、次の本もお勧めです。

『NASAより宇宙に近い町工場』（植松努、ディスカヴァー・トゥエンティワン）

『下町ロケット』（池井戸潤、小学館）

『はやぶさ、そうまでして君は』（川口淳一郎、宝島社）

『「弱くても勝てます」開成高校野球部のセオリー』（高橋秀実、新潮社）

好きな作家が見つかると読書の世界が広がる

アンケートでは、好きな作家の本が好まれて読まれていることも、一つの傾向として出てきました。

その代表格の作家が、『二分間の冒険』『扉の向こうの物語』などで有名な岡田淳さんでしょう。アンケートの中で「好きな作家は？」という質問への回答に、はっきりと「岡田淳さん」と書いていた男の子が多かったのが印象的でした。

作者をよく覚えているということは、1冊読み終えた後、その作家のほかの本を自ら探し求めたことを表していることが多いからです。

読書好きの人なら経験ある方も多いと思いますが、ある作家の文体が気に入って、その作家の本ばかり読む、ということがあります。

内容ももちろんありますが、それと同等、あるいはそれ以上に「文体」すなわち言葉のつむぎ方を味わいたい、といったようなところがあるように思います。

偏った読書を心配されるお母さんもいますが、**ある作家なり、あるシリーズに没頭して読むという経験は大事です。どっぷりとその本の世界につかるということは、読書の醍醐味の入口に立ったと言えることだからです。**

好きな作家の本にのめり込む中で活字への抵抗感が薄れ、別の作家へ手が伸びるといったことだって大いにありえるでしょう。

また、子どもが初めて出合う本は、家族の影響を大きく受けるのは当然のことです。

「初めて手に取った本が、お父さんの好きなAさんの本で、それがおもしろくてほかの本も読むようになった。家の本棚にあったものは読み終えて、自分でも買うようになった」

こんなことを言う男の子は多いのです。お母さん、お父さんが本好きの家庭は、男の子が自然と本好きになる理想的な環境と言えるでしょう。

花まる学習会の男の子が好きな本（小学5、6年生のアンケート結果）

推理・探偵

江戸川乱歩・少年探偵シリーズ	江戸川乱歩	ポプラ社
帝都「少年少女」探偵団ノート・シリーズ	楠木誠一郎	ポプラ社
シャーロック・ホームズ・シリーズ	コナン・ドイル	新潮社ほか
ルパン対ホームズ	モーリス・ルブラン	新潮社ほか
謎解きはディナーのあとで	東川篤哉	小学館

冒険・ファンタジー

ハリー・ポッター	J・K・ローリング	静山社
デルトラ・クエスト	エミリー・ロッダ	岩崎書店
リンの谷のローワン	エミリー・ロッダ	あすなろ書房
二分間の冒険	岡田淳	偕成社
ヒックとドラゴン	クレシッダ・コーウェル	小峰書店
冒険者たち	斎藤惇夫	岩波書店
だれも知らない小さな国	佐藤さとる	講談社
十五少年漂流記	ジュール・ヴェルヌ	新潮社ほか
海底2万マイル	ジュール・ベルヌ	講談社ほか
スター・ウォーズ・シリーズ	デリ・ブルックスほか	竹書房ほか
オタカラウォーズ	はやみねかおる	講談社
都会のトム&ソーヤ	はやみねかおる	講談社
マジック・ツリーハウス	メアリー・ポープ・オズボーン	メディアファクトリー

パーシー・ジャクソンとオリンポスの神々	リック・リオーダン	ほるぷ出版
ロアルド・ダールコレクション	ロアルド・ダール	評論社
かいけつゾロリ・シリーズ	原ゆたか	ポプラ社
チョコレート戦争	大石真	理論社
ぼくたちは秘密基地をつくった	木堂椎	集英社

スポーツ・ドキュメント

心の野球	桑田真澄	幻冬舎
心を整える。	長谷部誠	幻冬舎
走り続ける才能たち	安藤隆人	実業之日本社
松井秀喜　あきらめない心　夢の頂点へ	広岡勲	学研教育出版
大リーガー　イチローの少年時代	鈴木宣之	二見書房

人間ドラマ・ドキュメント

プロジェクトX　リーダーたちの言葉	今井彰	文藝春秋
最後の授業　ぼくの命があるうちに	ランディ・パウシュ、ジェフリー・ザスロー	武田ランダムハウスジャパン
はやぶさ／HAYABUSA	鷹見一幸	角川書店

物語

The MANZAI	あさのあつこ	ポプラ社
バッテリー	あさのあつこ	角川書店
三匹のおっさん	有川浩	文藝春秋
青空のむこう	アレックス・シアラー	求龍堂
びりっかすの神さま	岡田淳	偕成社

セカンドウィンド	川西蘭	ジャイブほか
岳物語	椎名誠	集英社
銃声のやんだ朝に	ジェイムズ・リオーダン	徳間書店
小学五年生	重松清	文藝春秋
くちぶえ番長	重松清	新潮社
とんび	重松清	角川書店
やまんばあさんシリーズ	富安陽子	理論社
タイムチケット	藤江じゅん	福音館書店
宇宙のあいさつ	星新一	新潮社
ブレイブ・ストーリー	宮部みゆき	角川書店
影法師	百田尚樹	講談社
先生のつうしんぼ	宮川ひろ	偕成社
一瞬の風になれ	佐藤多佳子	講談社
おおかみこどもの雨と雪	細田守	角川書店
ぼくらシリーズ	宗田理	角川書店
サーティーナイン・クルーズ	リック・ライオダンほか	メディアファクトリー
獣の奏者	上橋菜穂子	講談社
夏を拾いに	森浩美	双葉社
虹色ほたる	川口雅幸	アルファポリス
世界から猫が消えたなら	川村元気	マガジンハウス
風のダンデライオン	川端裕人	集英社
子ぎつねヘレンがのこしたもの	竹田津実	偕成社

サイエンス

恐竜 vs ほ乳類	NHK「恐竜」プロジェクト編	ダイヤモンド社
シートン動物記	アーネスト・トムソン・シートン	講談社ほか
数の悪魔	エンツェンスベルガー	晶文社
すごいぞ!「しんかい6500」	山本省三	くもん出版

歴史

燃えよ剣	司馬遼太郎	新潮社ほか
竜馬がゆく	司馬遼太郎	文藝春秋
三国志	吉川英治	新潮社ほか
徳川家康	松本清張	講談社ほか
西遊記	呉承恩	岩波書店ほか
タイムトラベル戦国伝	仲路さとる	学研パブリッシング
のぼうの城	和田竜	小学館

文芸

蜘蛛の糸・杜子春	芥川龍之介	新潮社ほか
坊っちゃん	夏目漱石	新潮社ほか
吾輩は猫である	夏目漱石	新潮社ほか
舞姫	森鷗外	集英社ほか
レ・ミゼラブル	ユゴー	新潮社ほか
南総里見八犬伝	曲亭馬琴	河出書房新社ほか

おわりに

子育ての相談を受けると、8割がた男の子のお母さんが占めてしまいます。女性・母の本質として、相手をわかってあげたい気持ちがあふれるほどあるのに、男の子はわからないからです。「お姉ちゃんのときは、言えばわかったのに」「もう何回言っても同じことするし……」「どこか悪いんですかねえ」等々。

危ないことをしたがったりヒーローになりきったりと、おバカさんだけど本当にかわいい。だけどわからない。これが最大公約数のようです。

これについては、「わかろうとするからいけない。二重に別の生き物（子どもかつ男）なのだから、本当には理解できるわけない。カブトムシを飼ってると思って、生体を観察して、なるほど戦いごっこが好きなんだなあ、勝ち負けにこだわるんだなあというように、学んで対応していけばいいんです」と答えています。

これまでの教室の現場での経験でも、上の子が男の子である場合、上に姉がいて下が男の子の場合など、そのような「わからない男の子」に対して、口出ししすぎて、伸びるはずの芽も摘み取ってしまう例も、たくさん見てきました。

国語力についての失敗は、その最たるものではないでしょうか。

はじめに、にも書きましたが、18歳を一つの成長のゴールとしたときに、男女では成長の仕方に違いがあります。女の子は最初から大人の面があり、言葉の定着が早く、本を好きになる率が高く、国語ではあまり苦労しない。

一方男の子は、怪獣になりきったり、電車をこよなく愛したりしていて、小学校時代まではほとんどガキンチョのままで、図鑑は読み理屈っぽいけれど、物語は興味がないという子も大勢います。

そういうときに、不用意な保護者の一言で、可能性の芽が摘み取られてしまうのです。よくあるのは、道端やスーパーなどで出くわしたお友だちママとのあいさつ言葉で、ほめられたときなどに、ついつい「でも、この子国語がバカなんですよ」などと言ってしまうことです。わが子と対面していては絶対言わないような言葉が、ママ同士のほめ合いの中でポロリと出るのです。

そのとたんに、「え！　ぼく国語がバカだったの？」と衝撃を受けています。根本に強い自信のある子であれば、何ということもないのですが、自己肯定感の低い子などは、深い心の傷を負い、言葉が何度も心の中でリピートされることになります。催眠術のようなもので、一生の苦手・嫌いが固定されていくのです。


この本では、そうならないようにと願って、具体策をまとめました。

そうか、やるべきことをしっかりやっておけば、男の子の国語力は後々伸びてくるのかと、時間軸を伴った見通しを立てることで、保護者の方々が安心してくださることを願っています。結果として大らかな子育てでいられますように。

著者紹介

花まる学習会代表．1959年，熊本県生まれ．県立熊本高校卒業．東京大学卒業．同大学大学院修士課程修了．1993年，幼児・小学校低学年向けの「作文」「読書」「思考力」「野外体験」を重視した学習教室「花まる学習会」を設立．その後，小学4年生〜中学3年生を対象に，本格的な学習方法を伝授する学習塾「スクール FC」を設立．子ども達の「生き抜く力」を育てる授業，野外体験サマースクールや雪国スクールなどが評判を呼び，各地で行っている講演会は，毎回キャンセル待ちが出るほどの人気を博している．算数オリンピック委員会の理事も務める．また，いじめ・不登校・家庭内暴力などの実践的問題解決に取り組んでいる．著書に，『伸び続ける子が育つお母さんの習慣』（青春出版社），『夫は犬だと思えばいい。』（集英社），『わが子を「メシが食える大人」に育てる』（廣済堂出版），「なぞペー」シリーズ（草思社），『小3までに育てたい算数脳』（健康ジャーナル社）など多数．

お母さんだからできる！ 男の子の国語力の伸ばし方

2013年5月30日 第1刷発行
2013年8月1日 第2刷発行

著者 高濱《たかはま》正伸《まさのぶ》
発行者 山縣裕一郎
〒103-8345
発行所 東京都中央区日本橋本石町1-2-1 東洋経済新報社
電話 東洋経済コールセンター03(5605)7021
印刷・製本 東港出版印刷

Printed in Japan ISBN 978-4-492-04492-6 http://www.toyokeizai.net/